絶対合格!

中国語検定
4級・準4級
頻出問題集

廖八鳴 [著]

高橋書店

【ディスクのお取扱いについて】

ディスクをいつでも正常な音でお聴きいただくために、次のことにご注意ください

● ディスクの信号面（文字や絵柄のない裏面）には細かい信号が入っているため、静電気でほこりが付着しただけで音が出なくなる場合があります。ディスクをはじめて取り出すときには、ビニールについた接着剤が付着しないようご注意ください。万一、指紋、汚れ、傷などをつけた場合は、やわらかい布を水で湿らせ、内側から外側に向かって放射状に軽く拭き取ってからお使いください

● ディスクには表裏にかかわらず、ペンなどで記入したり、シールを添付したりしないでください

● ひび割れや変形したディスクは使わないでください。プレイヤーの故障原因となります

● 直射日光の当たるところや高温多湿の場所には保存しないでください

Staff

編集協力：有限会社ポルタ（森村繁晴）
本文デザイン・DTP：株式会社シーティーイー
校正：村中霞
本文イラスト：加納徳博
CD制作：財団法人英語教育協議会（ELEC）
ナレーション：中国語　凌慶成、李茜
　　　　　　　日本語　水月優希

はじめに

　本書は、日本中国語検定協会が主催する中国語検定試験4級・準4級受験者を対象とした問題集です。日本において、中国語力をつけることの重要性は年々高まっています。中国語検定試験は、学習者の中国語力を客観的に判断するのに、信頼のおける資格だと言えるでしょう。

　本書では4級・準4級の試験の出題方法、よく出る単語や文型などを徹底分析し、それを最大限反映した内容の練習問題を収録しました。試験に沿った問題構成となっていますので、問題を解きながら実際の試験のレベルや解き方のコツがつかめ、4級・準4級レベルの実力を着実に身につけることができます。また、分野ごとの出題で、苦手分野も重点的に学習できます。

　試験では、筆記問題だけでなくリスニング問題が半分を占め、重要な要素となっています。また、試験にかぎらず中国語を学習していくうえで、リスニングは最優先されなければなりません。本書では、リスニング対策として本試験に即した形式の問題を豊富に収録しました。添付のCDで聞き取る力をつけてください。本文と例文を繰り返し聞いて、発音を覚えましょう。わからない単語や聞き取れない音があっても、何度も耳にして目にして慣れていくことが、中国語力をつける一番の方法です。暗唱と書き取りができるくらいまで練習しましょう。ある日、格段と力がついた自分に気づくはずです。

　また、学習した内容を、一問一答形式などで友達とやり取りし、発音をチェックし合うのもよいでしょう。一緒に学習する仲間がいることで、続けていく意欲も高まるものです。

　本書をご活用いただき、中国語検定試験の合格を手にしてください。そして、さらに上の級を受験する学習意欲を継続されることを願ってやみません。また、試験にとどまらず、より一層中国語を楽しんでいかれることを期待いたします。

　最後に、本書の編集・校正では、多くの方々にお世話になりました。心よりお礼申し上げます。

著者

■中国語検定試験について

●中国語検定試験とは

　日本中国語検定協会が1981年から実施している中国語に関する検定試験です。準4級・4級・3級・2級・準1級・1級の6段階で、年3回、3月、6月、11月に実施されています（1級の1次試験は年1回、11月のみの実施）。

　本書は準4級・4級の試験内容に即した対策問題集です。

●準4級・4級の試験概要　　（日本中国語検定協会の試験概要より抜粋）

*各級のレベル・出題内容

準4級	**中国語学習の準備完了** 学習を進めていくうえでの基礎的知識を身につけていること（学習時間60～120時間。一般大学の第2外国語における第1年度前期修了、高等学校における第1年度通年履修、専門学校・講習会等において半年以上の学習程度）。 ［出題内容］ ①基礎単語約500語　②ピンインの読み方と綴り方　③単文の基本文型　④簡単な日常挨拶語約50～80
4級	**中国語の基礎をマスター** 平易な中国語を聞き、話すことができること（学習時間120～200時間。一般大学の第2外国語における第1年度履修程度）。 ［出題内容］ ①単語の意味　②漢字のピンインへの表記がえ　③ピンインの漢字への表記がえ　④常用語500～1,000による中国語単文の日本語訳と日本語の中国語訳

*出題方式

　各級ともリスニング試験と筆記試験。マークシート方式と一部記述式。

＊試験時間・配点・合格基準点

	準4級	4級
試験時間	60分	100分
配 点	100点	200点
	リスニング 50点	リスニング 100点
	筆記 50点	筆記 100点
合格基準点	60点 （リスニング、筆記合計）	リスニング 60点
		筆記 60点

＊合否結果

　合否は試験実施後1か月程度で通知があります。また、ホームページにも解答と合格者受験番号が掲載されます。

● 申し込み方法

　各試験日の2か月前の15日～前月15日に、郵送またはインターネットで申し込みます。

　郵送で申し込む場合は、受験申込書を入手し必要事項を記入のうえ、支払証明書類を添えて日本中国語検定協会へ送付します。受験申込書は、協会のホームページから請求できます。また、一部書店、大学生協でも入手できます。

　インターネットから申し込む場合は、ＩＤ登録・証明写真データの準備をしたうえで、協会のホームページの入力フォームに必要事項を記入します。

※試験内容などは変わる場合があります。詳細は下記にご確認ください

日本中国語検定協会

〒103-8468　東京都中央区東日本橋 2-28-5 協和ビル4階
TEL.03-5846-9751　**FAX.**03-5846-9752
ホームページ：http://www.chuken.gr.jp/

CONTENTS

中国語検定試験について ……………………………………… 4
本書の使い方 …………………………………………………… 10

準4級

第1章・ピンイン表記
ピンイン表記 …………………………………………………… 12

第2章・空欄補充・中文選択
空欄補充　動　詞・助動詞 …………………………………… 18
空欄補充　量　　詞 …………………………………………… 22
空欄補充　副　　詞 …………………………………………… 24
空欄補充　疑　問　詞 ………………………………………… 26
空欄補充　介　詞・助　詞 …………………………………… 28
中文選択 ………………………………………………………… 30

第3章・語順整序
介　詞・副詞 …………………………………………………… 34
比較文・助動詞 ………………………………………………… 36
否定文 …………………………………………………………… 38
疑問詞文 ………………………………………………………… 40
「〜に来る(行く)」・「〜しに来る(行く)」 ………………… 42

第4章・日文中訳
日文中訳 ………………………………………………………… 46

第5章・リスニング

- CD1 1▶10 単音節 54
- CD1 11▶20 複音節 56
- CD1 21▶30 単語のピンイン 58
- CD1 31▶44 数字 60
- CD1 45▶58 挨拶・短文 64

4級

第1章・語句と声調の組み合わせ
語句と声調の組み合わせ 70

第2章・ピンイン表記
ピンイン表記 78

第3章・空欄補充
- 動　詞 84
- 形容詞 86
- 副　詞 88
- 助　詞 90
- 助動詞 92
- 疑問詞 94
- 量　詞 96
- 介　詞 98

第4章・中文選択
中文選択 102

CONTENTS

第5章・語順整序
介　詞 108
時間量・動作量 110
連動文・兼語文 112
比較文 114
「把」構文 116
その他 118

第6章・長文読解
長文読解　問題［1］........................ 124
長文読解　問題［2］........................ 127
長文読解　問題［3］........................ 130

第7章・日文中訳
日文中訳 134

第8章・リスニング　一問一答
CDⅡ 1 ▶ 5　一問一答 140
CDⅡ 6 ▶ 10　一問一答 142
CDⅡ 11 ▶ 15　一問一答 144
CDⅡ 16 ▶ 20　一問一答 146

第9章・リスニング　内容理解
CDⅡ 21 ▶ 32　内容理解問題［1］... 150
CDⅡ 33 ▶ 44　内容理解問題［2］... 152
CDⅡ 45 ▶ 56　内容理解問題［3］... 154
内容理解全訳 156

模擬試験

準4級・模擬試験 158
　CDI 59 ▶ 83　リスニング 158
　筆　記 161
　解答と解説 164

4　級・模擬試験 170
　CDII 57 ▶ 90　リスニング 170
　筆　記 173
　解答と解説 178

間違えやすい簡体字

● 間違えやすい簡体字 188

単　語

準4級レベル

数と量など	16
名　詞①	32
名　詞②	44
名　詞③	52
形容詞・副詞	68

4級レベル

動　詞①	76
動　詞②	82
名　詞①	100
名　詞②	106
名　詞③	122
形容詞・形容動詞	138
副詞・介詞	148

本書の使い方

本書は日本中国語検定協会の中国語検定試験の準4級と4級が1冊で対策できるようになっています。過去問題を徹底分析し、頻出問題を収録しているので、各級のレベルの実力を確実につけていくことができます。

準4級：第1〜4章　筆記
4級：第1〜7章

準4級、4級の2部構成。各級の本試験に沿った流れで練習問題を配列しています。基本的に各頁見開きで、問題と解答・解説を照合しやすくしています。また、選択肢の語句の意味や解答に結びつく部分、重要事項も同時にチェックできます。

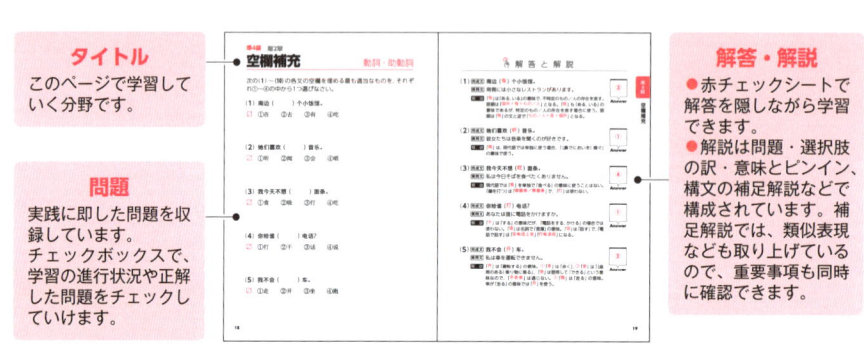

タイトル
このページで学習していく分野です。

問題
実践に即した問題を収録しています。
チェックボックスで、学習の進行状況や正解した問題をチェックしていけます。

解答・解説
● 赤チェックシートで解答を隠しながら学習できます。
● 解説は問題・選択肢の訳・意味とピンイン、構文の補足解説などで構成されています。補足解説では、類似表現なども取り上げているので、重要事項も同時に確認できます。

準4級：第5章　リスニング
4級：第8、9章

試験の半分に該当するリスニング試験も徹底対策できるように、練習問題を豊富に収録しました。添付のCDで本試験と同様の設問形式で学習できます（CDⅠには準4級、CDⅡには4級を収録）。

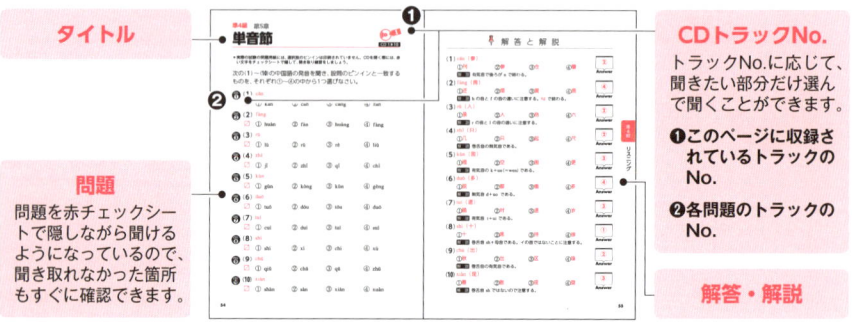

タイトル

問題
問題を赤チェックシートで隠しながら聞けるようになっているので、聞き取れなかった箇所もすぐに確認できます。

CDトラックNo.
トラックNo.に応じて、聞きたい部分だけ選んで聞くことができます。
❶ このページに収録されているトラックのNo.
❷ 各問題のトラックのNo.

解答・解説

模擬試験

準4級・4級の本試験に即した形の模擬試験を収録しています。実力診断と試験形式に慣れていくことができます。

[第1章]

準4級

ピンイン表記

単語の正しいピンイン表記を選択肢から選ぶ問題です。単音節・複音節の単語が出題されるので、正しい表記をきちんと押さえておきましょう。

筆記

CHUKEN
PRE 4TH GRADE

準4級　第1章
ピンイン表記

次の(1)〜(20)の単語の正しいピンイン表記を、それぞれ①〜④の中から1つ選びなさい。

(1) 加
  ① kā　　② qiā　　③ ziā　　④ jiā

(2) 各
  ① jè　　② gè　　③ kè　　④ zè

(3) 活
  ① huó　　② fuó　　③ kuó　　④ guó

(4) 完
  ① wán　　② gán　　③ kán　　④ wáng

(5) 牛
  ① miú　　② giú　　③ qiú　　④ niú

(6) 后
  ① huò　　② goù　　③ hòu　　④ koù

(7) 声
  ① sēng　　② xiān　　③ shēng　　④ seī

(8) 接
  ① jiē　　② sē　　③ giē　　④ tiē

(9) 穿
  ① shuān　　② chuān　　③ xuān　　④ chuāng

(10) 双
  ① shuān　　② sōu　　③ chuāng　　④ shuāng

12

解答と解説

(1) 加（jiā） 　意味　加える、増やす　　Answer ④

(2) 各（gè） 　意味　それぞれの　　Answer ②

(3) 活（huó） 　意味　生きる、生きている、仕事　　Answer ①

(4) 完（wán） 　意味　完成する、終わる、尽きる　　Answer ①

(5) 牛（niú） 　意味　牛　　Answer ④

(6) 后（hòu） 　意味　後、後ろ　　Answer ③

(7) 声（shēng） 　意味　声、音　　Answer ③

(8) 接（jiē） 　意味　接する、つなぐ　　Answer ①

(9) 穿（chuān） 　意味　着る、はく　　Answer ②

(10) 双（shuāng） 　意味　一対の　　Answer ④

準4級　第1章
ピンイン表記

(11) 船
① chuáng　② shuán　③ séng　④ chuán

(12) 糖
① tóu　② tán　③ dán　④ táng

(13) 时间
① shíjiàn　② shíjiān　③ shìjiān　④ shìjiàn

(14) 一起
① yìxǐ　② yīqí　③ yìqǐ　④ yīxí

(15) 旁边
① pángbiān　② bángpiān　③ pǎngbiān　④ bǎngpiān

(16) 每天
① mǎitiān　② mǎidiān　③ měitiān　④ měidiān

(17) 英语
① yīngyù　② yíngyǔ　③ yìngyú　④ yīngyǔ

(18) 最近
① zuìjǐn　② zuíjìn　③ zuìjìn　④ zuǐjīn

(19) 医院
① yìyuàn　② yíyuān　③ yīyuàn　④ yíyuàn

(20) 毛衣
① māoyì　② máoyī　③ mǎoyī　④ màoyí

解 答 と 解 説

(11) 船（chuán）　　意味　船　　**Answer ④**

(12) 糖（táng）　　意味　砂糖　　**Answer ④**

(13) 时间（shíjiān）　　意味　時間　　**Answer ②**

(14) 一起（yìqǐ）　　意味　一緒に　　**Answer ③**

(15) 旁边（pángbiān）　　意味　横、そば　　**Answer ①**

(16) 每天（měitiān）　　意味　毎日　　**Answer ③**

(17) 英语（yīngyǔ）　　意味　英語　　**Answer ④**

(18) 最近（zuìjìn）　　意味　最近、近ごろ　　**Answer ③**

(19) 医院（yīyuàn）　　意味　病院　　**Answer ③**

(20) 毛衣（máoyī）　　意味　セーター　　**Answer ②**

数と量など

一	yī	一
二	èr	二
三	sān	三
四	sì	四
五	wǔ	五
六	liù	六
七	qī	七
八	bā	八
九	jiǔ	九
十	shí	十
二十	èrshí	二十
二十八	èrshibā	二十八　※「十」は軽声なので、注意
三十	sānshí	三十
四十	sìshí	四十
五十	wǔshí	五十
六十	liùshí	六十
七十	qīshí	七十
八十	bāshí	八十
九十	jiǔshí	九十
一百	yìbǎi	百
一百零一	yìbǎilíngyī	百一
一百一	yìbǎiyī	百十　※日本語と違うので、注意
三百六十五	sānbǎiliùshiwǔ	三百六十五
一千	yìqiān	一千
一千零一	yìqiānlíngyī	千一
一千零十	yìqiānlíngyīshí	千十
一万	yíwàn	一万
一万零一百	yíwànlíngyìbǎi	一万百
一亿	yíyì	一億
星期一	xīngqīyī	月曜日
星期二	xīngqīèr	火曜日
星期三	xīngqīsān	水曜日
星期四	xīngqīsì	木曜日
星期五	xīngqīwǔ	金曜日
星期六	xīngqīliù	土曜日
星期日	xīngqīrì	日曜日　※文章語で多用
星期天	xīngqītiān	日曜日　※口語
前天	qiántiān	一昨日
昨天	zuótiān	昨日
今天	jīntiān	今日
明天	míngtiān	明日
后天	hòutiān	明後日
前年	qiánnián	一昨年
去年	qùnián	去年
今年	jīnnián	今年
明年	míngnián	来年
后年	hòunián	再来年
上个星期	shànggexīngqī	先週
这个星期	zhègexīngqī	今週
下个星期	xiàgexīngqī	来週
上个月	shànggeyuè	先月
这个月	zhègeyuè	今月
下个月	xiàgeyuè	来月
一把雨伞	yìbǎyǔsǎn	傘1本（握りのある物）
一杯水	yìbēishuǐ	水1杯（コップの飲み物）
一本书	yìběnshū	本1冊（書物）
一个苹果	yígèpíngguǒ	リンゴ1個（人や物）
一架飞机	yíjiàfēijī	飛行機1機（機械）
一件毛衣	yíjiànmáoyī	洋服1枚（衣服、荷物など）
一块石头	yíkuàishítou	石1個（かたまり状の物）
一辆汽车	yíliàngqìchē	自動車1台（車、乗り物）
一片面包	yípiànmiànbāo	パン1枚（薄い平らな物）
一条裤子	yìtiáokùzi	ズボン1本（長い物）
一位老师	yíwèilǎoshī	先生1人（目上の人）
一张纸	yìzhāngzhǐ	紙1枚（表面が平らな物）
一枝铅笔	yìzhīqiānbǐ	鉛筆1本（棒状の物）

[第2章]

準4級
空欄補充・中文選択

選択肢から正しいものを選び、中国語文を完成させる問題です。動詞、助動詞、副詞、量詞などの意味と使い方について押さえておきましょう。

筆記

CHUKEN
PRE 4TH GRADE

準4級 第2章 空欄補充

動詞・助動詞

次の(1)～(10)の各文の空欄を埋める最も適当なものを、それぞれ①～④の中から1つ選びなさい。

(1) 南边（　　　）个小饭馆。
① 在　② 去　③ 有　④ 吃

(2) 她们喜欢（　　　）音乐。
① 听　② 闻　③ 会　④ 唱

(3) 我今天不想（　　　）面条。
① 食　② 吸　③ 打　④ 吃

(4) 你给谁（　　　）电话?
① 打　② 干　③ 话　④ 说

(5) 我不会（　　　）车。
① 走　② 开　③ 坐　④ 跑

解答と解説

(1) [完成文] 南边（有）个小饭馆。
　[質問文] 南側には小さなレストランがあります。
　　[解説]「有」は「ある、いる」の意味で、不特定のもの／人の存在を表す。語順は「場所＋有＋もの／人」となる。「在」も「ある、いる」の意味であるが、特定のもの／人の所在を表す場合に使う。語順は「有」の文と逆で「もの／人＋在＋場所」となる。

Answer ③

(2) [完成文] 她们喜欢（听）音乐。
　[質問文] 彼女たちは音楽を聞くのが好きです。
　　[解説]「闻」は、現代語では単独に使う場合、「（鼻でにおいを）嗅ぐ」の意味で使う。

Answer ①

(3) [完成文] 我今天不想（吃）面条。
　[質問文] 私は今日そばを食べたくありません。
　　[解説] 現代語では「食」を単独で「食べる」の意味に使うことはない。「麺を打つ」は「做面条／擀面条」で、「打」は使わない。

Answer ④

(4) [完成文] 你给谁（打）电话？
　[質問文] あなたは誰に電話をかけますか。
　　[解説]「干」は「する」の意味だが、「電話をする、かける」の場合では使わない。「话」は名詞で「言葉」の意味。「说」は「話す」で、「電話で話す」は「在电话上说」「打电话说」になる。

Answer ①

(5) [完成文] 我不会（开）车。
　[質問文] 私は車を運転できません。
　　[解説]「开」は「運転する」の意味。①「走」は「歩く」、③「坐」は「（座席のある）乗り物に乗る」、「会」は習得して「できる」という意味なので、「不会坐」は通じない。④「跑」は「走る」の意味。車が「走る」の意味では「开」を使う。

Answer ②

準4級　空欄補充

準4級　第2章
空欄補充

動詞・助動詞

（6）她（　　）自行车去学校。
　□　①骑　　②跑　　③坐　　④开

（7）他喜欢（　　）画儿。
　□　①写　　②画　　③见　　④穿

（8）我（　　）买一本书。
　□　①打　　②想　　③很　　④走

（9）这水（　　）喝吗?
　□　①能　　②会　　③没　　④又

（10）我不（　　）跳舞。
　□　①有　　②干　　③做　　④会

解答と解説

(6) [完成文] 她（骑）自行车去学校。
   [質問文] 彼女は自転車で学校に行きます。
   [解説] 自転車など、またがって乗るものには「骑」を使う。

(7) [完成文] 他喜欢（画）画儿。
   [質問文] 彼は絵を描くのが好きです。
   [解説] 絵を描くことは、「画」と言う。①「写」は、文字を書くことにしか使わない。③「见」は「会う」、④「穿」は「着る」の意味。

(8) [完成文] 我（想）买一本书。
   [質問文] 私は本を1冊買いたい。
   [解説] 「買う」という意味の動詞「买」の前に置けるのは「〜したい」という意味の「想」だけ。

(9) [完成文] 这水（能）喝吗？
   [質問文] この水は飲めますか。
   [解説] 可能を表す「能」が正解。②「会」も可能を表すが、用途に適するかどうかに使うことはできないので、ここでは不正解。④「又」は「また」の意味。

(10) [完成文] 我不（会）跳舞。
   [質問文] 私はダンスができません。
   [解説] 「技術などができるかどうか」を表す「会」が正解。「跳舞（ダンスをする）」は動詞なので、①「有（ある）」、②「干（〜する）」や③「做（〜する）」のような動詞はその前に置かない。

準4級 第2章
空欄補充

量詞

次の(1)〜(5)の各文の空欄を埋める最も適当なものを、それぞれ①〜④の中から1つ選びなさい。

(1) 桌子上有一（　　）词典。
　□　①本　　②张　　③枝　　④条

(2) 我买一（　　）飞机票。
　□　①只　　②张　　③架　　④杯

(3) 我们有两（　　）汉语老师。
　□　①人　　②把　　③口　　④位

(4) 这儿有几（　　）椅子?
　□　①张　　②把　　③枝　　④坐

(5) 你有几（　　）哥哥?
　□　①个　　②口　　③多　　④人

解 答 と 解 説

(1) [完成文] 桌子上有一（**本**）词典。
[質問文] 机の上に辞書が１冊あります。
[解説] 本を数える「冊」を表すのは「本」。②「张」は紙などを、③「枝」は鉛筆やタバコなど棒状のものを、④「条」はひもや川など細長いものを数える場合に使う。

(2) [完成文] 我买一（**张**）飞机票。
[質問文] 航空券を１枚買います（ください）。
[解説] 紙など薄いものを数えるのは「张」。①「只」は動物や対になっているものの片方を、③「架」は飛行機などを数える場合に使う。④「杯」は、グラスに入った飲み物などを数える「杯」。

(3) [完成文] 我们有两（**位**）汉语老师。
[質問文] 私たちは中国語の先生が２人います。
[解説] 敬意をもって人数を表す場合には「位」を使う。①「人」は名詞なので、量詞としては使えない。②「把」は傘などを数える場合に、③「口」は主に何人家族かを言う場合に使う。

(4) [完成文] 这儿有几（**把**）椅子？
[質問文] ここにいすは何脚ありますか。
[解説] いすを数える場合には「把」を使う。①「张」はテーブルなどを、③「枝」は鉛筆やタバコなど棒状のものを数える場合に使う。④「坐」は「座る、乗る」という意味の動詞。

(5) [完成文] 你有几（**个**）哥哥？
[質問文] あなたにはお兄さんが何人いますか。
[解説] 人数を言う場合には「个」を使う。「个」は最も一般的な量詞。③「多」は形容詞。「哥哥」は家族の一員だが、家族全員の人数でないと「口」は使わない。

準4級 第2章
空欄補充

副詞

次の(1)〜(5)の各文の空欄を埋める最も適当なものを、それぞれ①〜④の中から1つ選びなさい。

(1) 昨天（　　）热。
　①不是　②很　③不都　④有

(2) 她今天（　　）高兴。
　①是　②不太　③不去　④要

(3) 这些书（　　）是图书馆的。
　①都　②没　③很　④常

(4) 我（　　）有电脑。
　①不　②都　③没　④太

(5) 请（　　）说一遍。
　①也　②还　③又　④再

解答と解説

(1) 完成文 昨天（很）热。
質問文 きのうはとても暑かった。
解説 (1)と(2)では、形容詞述語文の知識を問われる。形容詞述語文には「是」は用いられない。英語と日本語の影響で誤用が多いので要注意。形容詞の前には、程度を表す「很」などの副詞を伴うのがふつう。

② Answer

(2) 完成文 她今天（不太）高兴。
質問文 彼女は今日ちょっと機嫌が悪い（あまりよくない）。
解説 「あまり～ない」を表す場合は「不太」を使う。③「不去」は「行かない」、④「要」は「ほしい、いる」の意味。

② Answer

(3) 完成文 这些书（都）是图书馆的。
質問文 これらの本はみな図書館のものです。
解説 「みな」を表す「都」が正解。「是」は「不」で否定する。「没」を「是」の否定には使えない。

① Answer

(4) 完成文 我（没）有电脑。
質問文 私はコンピューターを持っていません。
解説 「有」は「是」とは逆に、「没」で否定する。「不」を「有」の否定には使えない。

③ Answer

(5) 完成文 请（再）说一遍。
質問文 もう一回言って下さい。
解説 「也」は「も」に当たり、常に主語の後ろに置く。「还」は「そのうえ、さらに」という意味。「又」（また）も「再」（再び）も重複や繰り返しを表すが、実現した場合は「又」、これから実現する場合は「再」を用いる。

④ Answer

準4級　第2章

空欄補充

疑問詞

次の(1)～(5)の各文の空欄を埋める最も適当なものを、それぞれ①～④の中から1つ選びなさい。

(1) 今天（　　）没来上课?
　☐　①哪里　　②那里　　③谁　　④几

(2) 你喝（　　）?
　☐　①那里　　②少　　③怎么　　④什么

(3) 你住在（　　）?
　☐　①谁　　②哪里　　③几　　④多少

(4) 你们班有（　　）学生?
　☐　①谁　　②几　　③多少　　④这里

(5) 你打算住（　　）天?
　☐　①几　　②多大　　③谁　　④怎么

解答と解説

(1) [完成文] 今天（谁）没来上课?

[質問文] 今日授業に来ていないのは誰ですか。

[解説] 「誰」を表す場合は「谁」を使う。①「哪里」は「どこ」、②「那里」は「あそこ、そこ」、④「几」は「いくつ」の意味なので、①②④は不正解。

(2) [完成文] 你喝（什么）?

[質問文] あなたは何を飲みますか。

[解説] 「何か」を表す場合は「什么」を用いる。②「少」は「少ない」、③「怎么」は「どのように、なぜ」という意味。

(3) [完成文] 你住在（哪里）?

[質問文] あなたはどこに住んでいますか。

[解説] 「どこに」を表す場合は「哪里」を使う。

(4) [完成文] 你们班有（多少）学生?

[質問文] あなたのクラスは学生が何人いますか。

[解説] 「何人」を表す場合は「多少」を使う。②「几」も一桁ぐらいの人数を尋ねる場合は使うことができるが、例文のように「学生」を尋ねる場合は、量詞（例えば「个」など）と共に使わなければならない。④「这里」は「ここに」という意味。

(5) [完成文] 你打算住（几）天?

[質問文] あなたは何日泊まるつもりですか。

[解説] 「何日間」を表す場合は「几」を用いる。「几天」という場合には量詞は用いない。②「多大」は「何歳か、どれくらい大きいか」、④「怎么」は「どのように」という意味。

準4級　第2章
空欄補充

介詞・助詞

次の(1)〜(5)の各文の空欄を埋める最も適当なものを、それぞれ①〜④の中から1つ選びなさい。

(1) 她（　　）教室里看书。
　①在　②有　③也　④走

(2) 那是他（　　）手表。
　①只　②的　③得　④个

(3) 我要（　　）妈妈打个电话。
　①给　②打　③从　④对

(4) 我不去, 你（　　）?
　①吧　②吗　③呢　④的

(5) 北京是中国的首都（　　）?
　①呢　②着　③过　④吧

解答と解説

(1) [完成文] 她（在）教室里看书。
[質問文] 彼女は教室で本を読んでいます。
[解説] 「～で」を表す「在」が正解。③「也」は「～も」の意味。

(2) [完成文] 那是他（的）手表。
[質問文] あれは彼の腕時計です。
[解説] ②「的」は「の」の意味で、正解。③「得」は「好得很」「说得好」のような動詞・形容詞フレーズに用いる。①「只」④「个」はいずれも量詞で、ここでは不適。

(3) [完成文] 我要（给）妈妈打个电话。
[質問文] 私は母に電話をかけようと思います。
[解説] 「～に」を表す「给」が正解。②「打」は「（電話を）する、かける」、③「从」は「～から」、④「对」は「～に対して」の意味。

(4) [完成文] 我不去，你（呢）？
[質問文] 私は行きませんが、あなたは？
[解説] 「Aは～だが、Bはどうか」などと、ひとつの事例を出して他のことを尋ねる場合には「呢」をつける。②「吗」は「～ですか」、④「的」は「～の」の意味。

(5) [完成文] 北京是中国的首都（吧）？
[質問文] 北京は中国の首都ですよね。
[解説] 確認の意味をこめた「～ですよね」という質問には「吧」を使う。②「着」は「～している」の意味。③「过」は経験を表す。

中文選択

準4級 第2章

次の日本語の意味に合う中国語はどれか、その番号を解答欄にマークしなさい。

（1）あれは妹が買ったスカートです。
　　①那是妹妹的买裙子。
　　②那裙子买的是妹妹。
　　③那是妹妹买的裙子。
　　④那裙子买是妹妹的。

（2）彼には友人が大勢います。
　　①他有很多朋友。
　　②他有朋友很多。
　　③他很多朋友有。
　　④他很多有朋友。

（3）どのくらい時間がかかりますか。
　　①多长要时间？
　　②时间多长要？
　　③要多长时间？
　　④多长时间要？

（4）郵便局は銀行の後ろにあります。
　　①银行后边在邮局。
　　②后边银行在邮局。
　　③邮局在银行后边。
　　④邮局在后边银行。

（5）弟は英語の勉強が好きではありません。
　　①弟弟没有喜欢学英语。
　　②弟弟不喜欢学英语。
　　③弟弟喜欢不学英语。
　　④弟弟不好学英语。

解答と解説

(1) 完成文 那是妹妹买的裙子。

解説 「妹が買ったスカート」がポイント。動詞が名詞を修飾する場合、中国語では「実行者＋動詞＋的＋名詞」の語順になる。動詞の後ろの「的」は、この動詞を修飾語にする大事な役割を担っている。よってフレーズ部分は「妹妹买的裙子」となり、正解は③。

(2) 完成文 他有很多朋友。

解説 「AにはBがある／いる」は「A有B」の単純な文型になる。これは準4級の基本文型のひとつなので、必ず覚えておきたい。この文型に照らすと①②④が候補になるが、文法的に成り立つのは①の「有很多朋友」だけ。日本語の副詞「大勢」が中国語では形容詞「很多」に変わる点も、この文型の特徴なので、要注意。

(3) 完成文 要多长时间？

解説 「かかる」は「要」で、対象は「时间」。中国語の語順は「動詞＋対象語（目的語）」なので、正解は①か③。「多长」は「どれぐらい長くの」を意味する形容詞フレーズで、名詞の前に置くのが正しい。よって、正解は③。副詞の「どのくらい」を形容詞「多长」に訳すところは(2)と似ている。

(4) 完成文 邮局在银行后边。

解説 準4級の基本文型のひとつ、「AはBにある／いる」は「A在B」。混同しがちなので(2)の文型とよく比べておこう。代入法で問題を解くことを考えると、「A＝郵便局（邮局）、B＝銀行の後ろ（银行后边）」。上記の文型に代入すると「邮局在银行后边」となり、③が正解。

(5) 完成文 弟弟不喜欢学英语。

解説 ①の「没有喜欢」は過去形、③の「不」は語順違いにより、いずれも不正解。④の「不好」にも「好まない」の意味があり、かろうじて通じるが、表現としては不自然であり、不正解。意味のぴったり合う②が正解。

名詞①

爱人	àiren	夫、妻
爸爸	bàba	父、お父さん
白天	báitiān	昼、昼間
班	bān	クラス
报	bào	新聞
杯子	bēizi	コップ
本子	běnzi	ノート
表	biǎo	腕時計、表
菜	cài	料理、おかず
操场	cāochǎng	グラウンド
厕所	cèsuǒ	トイレ
茶	chá	お茶
车	chē	車
车站	chēzhàn	バス停、駅
出租车	chūzūchē	タクシー
窗户	chuānghu	窓
床	chuáng	ベッド
春天	chūntiān	春
词典	cídiǎn	辞典
大学	dàxué	大学
大夫	dàifu	医者
点心	diǎnxin	菓子、軽食
电车	diànchē	電車、路面電車
电话	diànhuà	電話
电脑	diànnǎo	パソコン コンピューター
电视	diànshì	テレビ
电影	diànyǐng	映画
弟弟	dìdi	弟
地图	dìtú	地図
冬天	dōngtiān	冬
东西	dōngxi	物
儿子	érzi	息子
耳朵	ěrduo	耳
法语	fǎyǔ	フランス語
饭	fàn	ご飯、食事
饭店	fàndiàn	ホテル
房间	fángjiān	部屋
飞机	fēijī	飛行機
父亲	fùqīn	父
钢笔	gāngbǐ	ペン、万年筆
歌	gē	歌
哥哥	gēge	兄、お兄さん
公共汽车	gōnggòng qìchē	バス
公司	gōngsī	会社
公园	gōngyuán	公園
狗	gǒu	犬
孩子	háizi	子供
汉语	hànyǔ	中国語
号	hào	(口語、日付の)日
黑板	hēibǎn	黒板
后边	hòubian	後ろ
后年	hòunián	再来年
后天	hòutiān	明後日
话	huà	話
花儿	huār	花
画儿	huàr	絵
火车	huǒchē	列車
机场	jīchǎng	空港
家	jiā	家
脚	jiǎo	足

[第3章]

準4級

語順整序

選択肢を並べ替えて、正しい中国語文を作る問題です。単文の基本的な文型をきちんと押さえておきましょう。

筆記

準4級　第3章

語順整序

介詞・副詞

次の文の語順を入れ替えると、[　]に入る語は何になりますか。①～④の中から選びなさい。

（1）李さんは図書館で本を読んでいます。

　☑　小李 _____ [_____] _____ _____ 。
　　①图书馆　　②书　　③在　　④看

（2）彼は彼女に服を1着買ってあげました。

　☑　他 _____ _____ [_____] _____ 。
　　①一件衣服　　②她　　③买了　　④给

（3）学校は駅からとても近いです。

　☑　学校 _____ _____ [_____] _____ 。
　　①离　　②近　　③车站　　④很

（4）あなたも学生ですか。

　☑　你 _____ _____ [_____] _____ ？
　　①是　　②也　　③吗　　④学生

（5）私たちはみんな中国に行ったことがありません。

　☑　我们 _____ _____ [_____] _____ 。
　　①去过　　②没有　　③都　　④中国

（6）彼らもみんな知っています。

　☑　_____ [_____] _____ _____ 。
　　①知道　　②他们　　③都　　④也

解答と解説

(1) 中国語 小李在［图书馆］看书。

解説 「図書館で」は、中国語では「在图书馆」で表す。この「在」は、「～で」を表す介詞で、必ず名詞の前に置くことから前置詞とも呼ばれる。

Answer ①

(2) 中国語 他给她［买了］一件衣服。

解説 介詞は必ず名詞の前に置くことが第1のポイント。「介詞＋名詞」で構成されるフレーズは、通常「介詞フレーズ」という。この「介詞フレーズ」は多くの場合には動詞の前にくるが、動詞の後にくる場合もある。この判断が第2のポイント。

Answer ③

(3) 中国語 学校离车站［很］近。

解説 「离车站」は「介詞フレーズ」で、「駅から」という意味で、ここでは形容詞「很近」を修飾する。「离」が距離を表すのに対して、「从」は移動の起点を表す。

Answer ④

(4) 中国語 你也是［学生］吗？

解説 副詞「也」は、日本語の助詞「も」と同じ意味で、語順もいつも主語のすぐ後にくる。

Answer ④

(5) 中国語 我们都没有［去过］中国。

解説 副詞はいつも主語の後、動詞の前に置かれる。「都」は「みんな」という意味。「みんな行ったことがない」と言っているので、同じ副詞である「没有」の前に置く。

Answer ①

(6) 中国語 他们［也］都知道。

解説 ここには、副詞「也」「都」が2つある。このような副詞を重ねるのは常用パターンで、中検の頻出問題である。「也」のほうが優先されて必ず前にくるということをしっかり覚えよう。

Answer ④

語順整序

準4級　第3章

比較文・助動詞

次の文の語順を入れ替えると、[　]に入る語は何になりますか。①〜④の中から選びなさい。

(1) 彼は私より背が高い。

☐ _____ _____ [_____] _____ 。

①比　　②高　　③他　　④我

(2) 私は彼ほど背が高くありません。

☐ _____ _____ [_____] _____ 。

①没有　　②高　　③他　　④我

(3) 私は上海に行きたい。

☐ _____ _____ [_____] _____ 。

①想　　②去　　③我　　④上海

(4) 何が飲みたいですか。

☐ _____ _____ [_____] _____ ?

①喝　　②什么　　③要　　④你

(5) 彼女はフランス語は話せません。

☐ 她 _____ _____ [_____] _____ 。

①会　　②法语　　③不　　④说

解答と解説

(1) 中国語 他比［我］高。

解説 比較の問題は毎回の検定に必ず出るので、しっかりと覚える必要がある。「AはBより＋形容詞」を表す「A比B＋形容詞」が基本パターン。比較の対象は「比」の後にくる。

④ Answer

(2) 中国語 我没有［他］高。

解説 否定の場合、「比」の代わりに「没有」を使う。「A没有B＋形容詞」で「AはBより（ほど）＋形容詞の否定形」を表す。

③ Answer

(3) 中国語 我想［去］上海。

解説 助動詞のある文の基本文型は「主語＋助動詞＋動詞（＋目的語）」となる。「想」は「〜したい」の意味。

② Answer

(4) 中国語 你要［喝］什么？

解説 文型は（1）とまったく同じ。「要」も「〜したい」を表す助動詞である。ほとんどの場合、「想」と入れ替えられるが、「要」には、「ほしい」のニュアンスがある。

① Answer

(5) 中国語 她不会［说］法语。

解説 助動詞の否定文の基本文型は「主語＋不＋助動詞＋動詞（＋目的語）」となる。否定語は動詞の前でなく、必ず助動詞の前に置く。「会」は「（ある技能が）できる」ことを表す。

④ Answer

準4級 第3章
語順整序

否定文

次の文の語順を入れ替えると、[ ]に入る語は何になりますか。①〜④の中から選びなさい。

(1) 私はパンが好きではありません。

我 _____ _____ [_____] _____ 。

①面包　　②不　　③吃　　④喜欢

(2) 彼の息子はあの会社では働いていません。

他儿子 _____ [_____] _____ _____ 。

①那个公司　②不　③工作　④在

(3) 教室の中には1人もいません。

_____ [_____] _____ _____ 。

①里　　②教室　　③一个人　　④没有

(4) 彼は今日朝食を食べていません。

他 _____ _____ [_____] _____ 。

①早饭　　②吃　　③没有　　④今天

(5) 昨日私は仕事に行きませんでした。

昨天 _____ [_____] _____ _____ 。

①上班　　②去　　③没　　④我

解 答 と 解 説

(1) 中国語 我不喜欢[吃]面包。

解説 基本文型は「主語＋不＋動詞（＋目的語）」。否定の副詞は必ず動詞の前に置く。「吃面包」は動詞フレーズで、「喜欢」の目的語となる。

Answer ③

(2) 中国語 他儿子不[在]那个公司工作。

解説 「在那个公司」は介詞フレーズで、いつも動詞の前に置かれる。このような介詞フレーズのある否定文では「不」は動詞の前でなく、介詞フレーズの前にくる。それは、「不工作（働いていない）」ではなくて、「不在那个公司工作（あの会社で働いていない）」を表すからである。

Answer ④

(3) 中国語 教室[里]没有一个人。

解説 「有」は特別な動詞で、否定する場合は「不」ではなく「没」を使う。「有」の基本文型は「主語＋（没）有＋名詞」。「里」は「中」という意味で、「教室里」全体が主語になる。この「没有」は動詞。

Answer ①

(4) 中国語 他今天没有[吃]早饭。

解説 過去のことの否定は「不」ではなく「没有」を使う。つまり「～しない」＝「不」、「～しなかった」＝「没有」で、「没有」は否定副詞となる。時間詞「今天」は主語と動詞の間に置く。

Answer ②

(5) 中国語 昨天我[没]去上班。

解説 「没有」を略して「没」の形もある。使い方は変らない。「～何をしに行く」は「去＋動詞」の語順となる。

Answer ③

準4級　第3章
語順整序

疑問詞文

次の文の語順を入れ替えると、[　]に入る語は何になりますか。①〜④の中から選びなさい。

(1) これは誰の帽子ですか。
　☒ _____ _____ [_____] _____ ?
　　①这是　　②的　　③帽子　　④谁

(2) このお茶の名前は何ですか。
　☒ 这 _____ _____ [_____] _____ ?
　　①什么　　②叫　　③茶　　④名字

(3) あなたのお兄さんはどこで働いていますか。
　☒ 你 _____ _____ [_____] _____ ?
　　①哪儿　　②工作　　③哥哥　　④在

(4) 今日の映画は何時に始まりますか。
　☒ _____ _____ [_____] _____ ?
　　①开始　　②今天的　　③几点　　④电影

(5) この字はどのように読みますか。
　☒ 这 _____ _____ [_____] _____ ?
　　①念　　②个　　③怎么　　④字

解答と解説

(1) 中国語 这是谁[的]帽子？

解説　日本語では「これは私の帽子です」「これは誰の帽子ですか」のように、平叙文でも疑問文でも語順は変わらない。この点については中国語も同じで、「这是我的帽子」「这是谁的帽子？」と語順はまったく同じである。

Answer ②

(2) 中国語 这茶叫[什么]名字？

解説　「叫」は「(名前)は…という」の意味で、人でも物でも使える。「什么」は名詞の前で修飾語になると「何の、どんな」の意味になる。

Answer ①

(3) 中国語 你哥哥在[哪儿]工作？

解説　「在哪儿」は介詞フレーズで、たとえ疑問詞が使われても「在银行」「在大学」などの介詞フレーズと同じように、動詞の前にくる。「你哥哥」は「你的哥哥」の「的」が省略された形。

Answer ①

(4) 中国語 今天的电影[几点]开始？

解説　「几点」は「何時」、「几个小时」は「何時間」、「几天」は「何日」、「什么时候」は「いつ」を表す。疑問詞でも、ふつうの時間詞と同じ語順になる。

Answer ③

(5) 中国語 这个字[怎么]念？

解説　「怎么」は副詞で、「どう、どのように」の意味。「念」は「音読する」という意味。

Answer ③

準4級　語順整序

準4級 第3章
語順整序

「〜に来る（行く）」・
「〜しに来る（行く）」

次の文の語順を入れ替えると、[　]に入る語は何になりますか。①〜④の中から選びなさい。

（1）彼は昨日日本に来ました。

☑ 他＿＿＿＿　＿＿＿＿　[＿＿＿＿]　＿＿＿＿。

　①日本　　　②昨天　　　③了　　　　④来

（2）私は来年北京に行くことになっています。

☑ 我＿＿＿＿　＿＿＿＿　[＿＿＿＿]　＿＿＿＿。

　①要　　　　②北京　　　③去　　　　④明年

（3）（私たちは）映画を見に行きましょう。

☑ 我们＿＿＿＿　＿＿＿＿　＿＿＿＿　[＿＿＿＿]。

　①吧　　　　②电影　　　③看　　　　④去

（4）私の友達は日本に留学に来ることになっています。

☑ 我朋友＿＿＿＿　＿＿＿＿　[＿＿＿＿]　＿＿＿＿。

　①留学　　　②要　　　　③来　　　　④日本

（5）彼女は店に行って買い物をします。

☑ 她[＿＿＿＿]　＿＿＿＿　＿＿＿＿　＿＿＿＿。

　①去　　　　②买　　　　③商店　　　④东西

解 答 と 解 説

(**1**) 中国語 他昨天来[日本]了。

> 解説 「どこかに来る（行く）」は「主語＋来（去）＋名詞（目的地）」で表す。時間詞「昨天」は動詞の前に置く。「了」は発生したことを表し、日本語の助動詞「た」に当たる。

Answer ①

(**2**) 中国語 我明年要[去]北京。

> 解説 （1）と同じ文型。「来（去）」の直後に名詞がくるなら、名詞は「来（去）」の目的地になり、動詞がくるなら、動詞は「来（去）」の目的になる。動詞がくる例は（3）を参照。「要」はここでは「決まっている」を表す。

Answer ③

(**3**) 中国語 我们去看电影[吧]。

> 解説 「来（去）」の直後に動詞が来る例。「看电影」は「去」の目的になる。基本文型は「主語＋来（去）＋動詞（目的）」。「吧」はここでは「〜しましょう」を表す。

Answer ①

(**4**) 中国語 我朋友要来[日本]留学。

> 解説 これは「来（去）」の直後に名詞がきて、さらに動詞がくる例である。基本文型は「主語＋来（去）＋名詞（目的地）＋動詞（目的）」。「来」の目的地は「日本」で、目的は「留学」になる。「我朋友」は「我的朋友」の「的」が省略された形。「要」は「決まっている」を表す。

Answer ④

(**5**) 中国語 她[去]商店买东西。

> 解説 （4）と同文型。「去」の目的地は「商店」で、目的は「买东西」になる。「来（去）→目的地→目的」の基本語順を覚えれば、長文になっても応用できる。

Answer ①

準4級 語順整序

単語 準4級レベル

名詞②

姐姐	jiějie	姉、お姉さん	铅笔	qiānbǐ	鉛筆
今年	jīnnián	今年	钱	qián	お金
今天	jīntiān	今日	前边儿	qiánbianr	前
酒	jiǔ	酒	前年	qiánnián	おととし
咖啡	kāfēi	コーヒー	前天	qiántiān	おととい
课本	kèběn	教科書	秋天	qiūtiān	秋
裤子	kùzi	ズボン	去年	qùnián	去年
筷子	kuàizi	箸	裙子	qúnzi	スカート
老师	lǎoshī	先生、教師	人	rén	人
里边	lǐbian	中、内部	日本	Rìběn	日本
路	lù	道、道路	日语	Rìyǔ	日本語
妈妈	māma	母、お母さん	山	shān	山
毛巾	máojīn	タオル	商店	shāngdiàn	商店
毛衣	máoyī	セーター	上边	shàngbian	上
帽子	màozi	帽子	上次	shàngcì	前回
美国	měiguó	アメリカ合衆国	上午	shàngwǔ	午前
每天	měitiān	毎日	身体	shēntǐ	身体
妹妹	mèimei	妹	生日	shēngrì	誕生日
门	mén	ドア、出入口	声音	shēngyīn	声、音
米饭	mǐfàn	米飯	时候	shíhou	時刻、時
面	miàn	麺類	时间	shíjiān	時間
面包	miànbāo	パン	事情	shìqing	事、用事
明年	míngnián	来年	手	shǒu	手
明天	míngtiān	明日	手表	shǒubiǎo	腕時計
名字	míngzi	名前	手机	shǒujī	携帯電話
母亲	mǔqīn	母親	书	shū	本
奶奶	nǎinai	祖母	蔬菜	shūcài	野菜
年	nián	年	叔叔	shūshu	叔父、おじさん
年级	niánjí	学年、〜年生	水	shuǐ	水
年纪	niánjì	年齢	水果	shuǐguǒ	果物
鸟	niǎo	鳥			
牛奶	niúnǎi	牛乳			
女儿	nǚ'ér	娘			
盘子	pánzi	皿			
旁边	pángbiān	傍ら、側（そば）			
朋友	péngyou	友達			
啤酒	píjiǔ	ビール			
票	piào	切符			
苹果	píngguǒ	リンゴ			
瓶子	píngzi	瓶			
汽车	qìchē	自動車			

[第4章]

準4級

日文中訳

ピンインから中国語を書かせる問題と日本語を中国語で書かせる問題です。出題されるのは単語単位ですが、記述式なので、簡体字も正確に書けるようにしておきましょう。

筆記

CHUKEN
PRE 4TH GRADE

準4級 第4章
日文中訳

（1）～（30）の日本語を中国語に訳したとき、下線部の日本語に当たる中国語を漢字（簡体字）で書きなさい。（漢字は崩したり略したりせずに書くこと）

（1）飛行機に<u>乗る</u>

（2）自転車に<u>乗る</u>

（3）車を<u>運転する</u>

（4）音楽を<u>聴く</u>

（5）太極拳を<u>する</u>

（6）電話を<u>かける</u>

（7）写真を<u>とる</u>

（8）ビールを<u>飲む</u>

（9）郵便局に<u>行く</u>

（10）家に<u>帰る</u>

> 188～191ページに「簡体字ドリル」を収録しています。間違えやすい簡体字を何度も練習しましょう

解答と解説

(1) 中国語 **坐飞机**(zuò fēijī)
  解説 「坐」はもともと「座る」の意味。自動車・電車・飛行機などの乗り物を利用する際、座ることから「乗る」の意味が発生する。よって、「坐车(自動車に乗る)」「坐电车(電車に乗る)」「坐飞机(飛行機に乗る)」となる。漢字の書き方にも注意。

(2) 中国語 **骑自行车**(qí zìxíngchē)
  解説 日本語にも「騎馬する」という言葉がある。自転車やバイクに乗る場合、またがるから「骑」を使う。

(3) 中国語 **开车**(kāi chē)
  解説 「开」は「開く」のほかに、「運転する」の意味もある。「车」の字が四画である点に注意。

(4) 中国語 **听音乐**(tīng yīnyuè)
  解説 形は完全に変わっているが、「听」は「聴」の簡体字(略字)。

(5) 中国語 **打太極拳**(dǎ tàijíquán)
  解説 現代中国語では、「打」は本来の「打つ」のほかに、幅広い意味を持つ。まさに万能動詞だ。意味を取りにくいときは「する」と理解すればいい。

(6) 中国語 **打电话**(dǎ diànhuà)
  解説 これも万能動詞「打」の用例のひとつ。

(7) 中国語 **照相**(zhàoxiàng)
  解説 「照」は「映る、映す(写す)」、「相」は「イメージ」の意味。

(8) 中国語 **喝啤酒**(hē píjiǔ)
  解説 現代中国語の口語では、「饮(飲)」はもはや単独の動詞として使われない。頻出単語だから、「喝」はしっかり覚えよう。書き方にも気をつけて。

(9) 中国語 **去邮局**(qù yóujú)
  解説 「去」の後ろにくる場所は離れ去る出発点ではなく、移動して向かう目的地。同じ意味で、「到邮局去」の言い方もある。

(10) 中国語 **回家**(huí jiā)
  解説 「回」は「帰る」という意味。

準4級　第4章
日文中訳

(11) 字を書く
☒

(12) 入浴する
☒

(13) ご飯を食べる
☒

(14) 雑誌を読む
☒

(15) テレビを見る
☒

(16) テニスをする
☒

(17) 英語を話す
☒

(18) 外国語を学ぶ
☒

(19) 辞書をひく
☒

(20) 質問をする
☒

解答と解説

(11) 写字（xiě zì）

解説　「写」は「書く、描く」の意味。日本語の「写」のように横棒が突き抜けないこと。

(12) 洗澡（xǐ zǎo）

解説　「澡」には「体を洗う」という意味があり、「洗澡」で「入浴する」の意味になる。「洗濯する」は「洗衣服（xǐ yīfu）」と言う。

(13) 吃饭（chī fàn）

解説　「吃」は「食べる」の意味。「乞」は、3画。縦棒を垂直に下げて、鋭角に跳ね上げる。「反」は「反」のように上を平らにせず、右上から斜め左に下ろすように書く。

(14) 看杂志（kàn zázhì）

解説　「杂志」は、「雑誌」の意味。「看」は「声に出さずに読む、見る」という意味。

(15) 看电视（kàn diànshì）

解説　「电视」は「テレビ」の意味。「视」は、「见」の2画目は跳ねず、4画目は跳ね上げる。

(16) 打网球（dǎ wǎngqiú）

解説　「网」は「網」の簡体字。また、「篮球（バスケットボール）」「排球（バレーボール）」などをすると言うときも「打」を使う。「サッカーをする」は「踢足球（tī zúqiú）」。

(17) 说英语（shuō Yīngyǔ）

解説　「说」は「話す、言う」の意味。「讠」は、2画。

(18) 学外语（xué wàiyǔ）

解説　「学」は「学ぶ、勉強する」の意味。

(19) 查词典（chá cídiǎn）

解説　「查」は「調べる、検査する」の意味。「词典」は「辞書、辞典」のこと。いわゆる「字引」は「字典」と言う。

(20) 问问题（wèn wèntí）

解説　「问」の点は左上に打つ。「题」の右側は「頁」ではなく「页」。

準4級 第4章
日文中訳

(21) 部屋が<u>きれいだ</u>

(22) <u>真面目に勉強する</u>

(23) とても<u>軽い</u>

(24) <u>新聞</u>を読む

(25) 美味しい<u>お菓子</u>

(26) <u>手紙</u>を出す

(27) フランス語が<u>わかる</u>

(28) 今年二十<u>歳</u>です

(29) <u>薬</u>を飲む

(30) <u>荷物</u>が重い

解答と解説

(21) 干净（gānjìng）

解説 房间很干净（fángjiān hěn gānjìng）。「きれい」は清潔の意味では「干净」、美しいとの意味では「漂亮（piàoliang）」。

(22) 认真（rènzhēn）

解説 认真学习（rènzhēn xuéxí）。「认」は「認」の簡体字。「真」の書き方が日本語と違うので、要注意。

(23) 轻（qīng）

解説 很轻（hěn qīng）。「轻」は「軽」の簡体字で、書き方は左右とも日本語と違う。

(24) 报（bào）

解説 读报（dú bào）。「报」は「報」の簡体字で、「新聞」という意味、「报纸（bàozhǐ）」とも言う。「読む」は「看（kàn）」と訳されてもよい。

(25) 点心（diǎnxīn）

解説 好吃的点心（hǎochī de diǎnxīn）。「点心」は「お菓子」の意味。

(26) 信（xìn）

解説 寄信（jì xìn）。「手紙」は「信」という一文字である。ちなみに中国語の「手纸（shǒuzhǐ）」は「トイレペーパー」の意味なので、漢字そのまま使ってはいけません。

(27) 懂（dǒng）

解説 懂法语（dǒng fǎyǔ）。「懂」は「分かる」。日本語では使わない漢字だから、しっかり覚えよう。

(28) 岁（suì）

解説 今年二十岁（jīnnián èrshí suì）。「岁」は「歳」の簡体字。

(29) 药（yào）

解説 吃药（chī yào）。「药」は「薬」の簡体字。字形はかなり違うので、しっかり覚えよう。

(30) 行李（xíng li）

解説 行李很重（xíngli hěn zhòng）。「行李」は「荷物」。

単語 準4級レベル

名詞③

中文	ピンイン	日本語
糖	táng	砂糖、飴
天气	tiānqì	天気
同学	tóngxué	学友
头	tóu	頭
图书馆	túshūguǎn	図書館
腿	tuǐ	脚
外边	wàibiān	外
外国	wàiguó	外国
外语	wàiyǔ	外国語
碗	wǎn	碗
晚饭	wǎnfàn	夕食
晚上	wǎnshang	晩、夜
网球	wǎngqiú	テニス
味道	wèidào	味
问题	wèntí	問題
午饭	wǔfàn	昼食
夏天	xiàtiān	夏
下午	xiàwǔ	午後
下边	xiàbian	下
先生	xiānsheng	～さん（男性）
现在	xiànzài	現在
相机	xiàngjī	カメラ
小姐	xiǎojiě	～さん、お姉さん（若い女性への呼びかけ）
小时	xiǎoshí	1時間
小学	xiǎoxué	小学校
鞋	xié	靴
新年	xīnnián	新年
信	xìn	手紙
星期	xīngqī	週
行李	xíngli	荷物
姓	xìng	姓
学生	xuésheng	学生
学校	xuéxiào	学校
雪	xuě	雪
牙	yá	歯
颜色	yánsè	色
眼睛	yǎnjing	目
药	yào	薬
爷爷	yéye	祖父、おじいさん
衣服	yīfu	服
医生	yīshēng	医者
医院	yīyuàn	病院
以后	yǐhòu	その後、以後
以前	yǐqián	以前
椅子	yǐzi	椅子
音乐	yīnyuè	音楽
银行	yínháng	銀行
英语	Yīngyǔ	英語
邮局	yóujú	郵便局
邮票	yóupiào	切手
右边	yòubian	右
鱼	yú	魚
雨	yǔ	雨
月	yuè	月（年月）
杂志	zázhì	雑誌
早晨	zǎochén	朝
早饭	zǎofàn	朝食
纸	zhǐ	紙
钟	zhōng	柱時計、置時計
中国	Zhōngguó	中国
中文	Zhōngwén	中国語
中午	zhōngwǔ	正午
中学	zhōngxué	中学
桌子	zhuōzi	テーブル、机
自行车	zìxíngchē	自転車
足球	zúqiú	サッカー
嘴	zuǐ	口
昨天	zuótiān	昨日
左边	zuǒbian	左
作业	zuòyè	宿題

[第5章]

準4級

リスニング

単音節の発音、単語の発音、数字の正しい言い方、挨拶や短文の使い方の4種類の聞き取りです。発音の聞き取りは正確に覚えていないと解答できません。また、よく使われる数字や挨拶・短文の表現をきちんと押さえておきましょう。

CHUKEN
PRE 4TH GRADE

準4級 第5章
単音節

*実際の試験の問題用紙には、選択肢のピンインは印刷されていません。CDを聞く際には、赤い文字をチェックシートで隠して、聞き取り練習をしましょう。

次の(1)〜(10)の中国語の発音を聞き、設問のピンインと一致するものを、それぞれ①〜④の中から1つ選びなさい。

(1) cān
① kān ② cān ③ cāng ④ zān

(2) fáng
① huán ② fán ③ huáng ④ fáng

(3) rù
① lù ② rù ③ rè ④ liù

(4) zhǐ
① jǐ ② zhǐ ③ qǐ ④ chǐ

(5) kùn
① gùn ② kòng ③ kùn ④ gèng

(6) duō
① tuō ② dōu ③ tōu ④ duō

(7) tuì
① cuì ② duì ③ tuì ④ suì

(8) shí
① shí ② xí ③ chí ④ xú

(9) chū
① qiū ② chū ③ qū ④ zhū

(10) xiàn
① shàn ② sàn ③ xiàn ④ xuàn

解 答 と 解 説

(1) cān（参）
　①刊　　　②参　　　③仓　　　④簪
　解説 有気音で後ろが n で終わる。
　Answer ②

(2) fáng（房）
　①还　　　②烦　　　③黄　　　④房
　解説 h の音と f の音の違いに注意する。ng で終わる。
　Answer ④

(3) rù（入）
　①录　　　②入　　　③热　　　④六
　解説 r の音と l の音の違いに注意する。
　Answer ②

(4) zhǐ（只）
　①几　　　②只　　　③起　　　④尺
　解説 巻舌音の無気音である。
　Answer ②

(5) kùn（困）
　①棍　　　②空　　　③困　　　④更
　解説 有気音の k+un（=wen）である。
　Answer ③

(6) duō（多）
　①脱　　　②都　　　③偷　　　④多
　解説 無気音 d+uo である。
　Answer ④

(7) tuì（退）
　①脆　　　②对　　　③退　　　④岁
　解説 有気音 t+ui である。
　Answer ③

(8) shí（十）
　①十　　　②席　　　③持　　　④徐
　解説 巻舌音 sh+母音である。イの音ではないことに注意する。
　Answer ①

(9) chū（出）
　①秋　　　②出　　　③区　　　④珠
　解説 巻舌音の有気音である。
　Answer ②

(10) xiàn（现）
　①善　　　②散　　　③现　　　④旋
　解説 巻舌音 sh ではないので注意する。
　Answer ③

準4級　第5章
複音節

CD 11 ▶ 20

次の(1)〜(10)の中国語の発音を聞き、設問のピンインと一致するものを、それぞれ①〜④の中から1つ選びなさい。

CD 11 (1) fēijī
　□　① fēizhī　② fēijī　③ hēizhī　④ hēijī

CD 12 (2) cídiǎn
　□　① zùtiǎn　② cútiǎn　③ zìdiǎn　④ cídiǎn

CD 13 (3) gōngzuò
　□　① gāngzuò　② kōngcuò　③ gōngzuò　④ gōngcuò

CD 14 (4) Běijīng
　□　① Běijīng　② Pèijīng　③ Péijīng　④ Bēijìng

CD 15 (5) gōngsī
　□　① gōngsū　② gōngsī　③ kōngsū　④ kōngsī

CD 16 (6) shuìjiào
　□　① suìjiào　② suìjué　③ shuìjué　④ shuìjiào

CD 17 (7) xiàbān
　□　① shàbān　② shàbāng　③ xiàbān　④ xiàbāng

CD 18 (8) róngyì
　□　① lóngyì　② rǒngyì　③ róngyì　④ lǒngyì

CD 19 (9) fángjiān
　□　① huángjiān　② fángjiān　③ fánjiān　④ fángjiāng

CD 20 (10) dōngxi
　□　① dōngxi　② dōngsi　③ tōngxi　④ tōngsi

56

解 答 と 解 説

(1) **解説** 声調はすべて第一声＋第一声。hとf、捲舌音zhとjの違いに注意。

Answer ②

(2) **解説** ポイントは第一音節の声調の違いと、無気音zと有気音c、母音iとu、無気音dと有気音tの違い。

Answer ④

(3) **解説** 声調はすべて第一声＋第四声。無気音zと有気音c、無気音gと有気音k、母音angとongの違いに注目。

Answer ③

(4) **解説** 声調の違いと、無気音bと有気音pの違いがポイント。

Answer ①

(5) **解説** 声調はすべて同じ。ポイントはsiとsu、無気音gと有気音kの違い。

Answer ②

(6) **解説** 声調の違いと、jiaoとjue、捲舌音shとsの違いに注目。

Answer ④

(7) **解説** 声調はすべて第四声＋第一声。ポイントはshaとxia、母音anとangの違い。

Answer ③

(8) **解説** 声調の違いと、lとrの違いがポイント。

Answer ③

(9) **解説** 声調はすべて第二声＋第一声。hとf、anとang、ianとiangの違いに注目。

Answer ②

(10) **解説** 声調はすべて第一声＋軽声。xiとsi、無気音dと有気音tの違いがポイント。

Answer ①

準4級 第5章
単語のピンイン

次の(1)〜(10)の日本語を中国語で言い表す場合に、最も適当なピンインを、それぞれ①〜④の中から1つ選びなさい。

(1) 勉強する
　① xiūxi　② xuéxí　③ fùxí　④ liànxí

(2) 鉛筆
　① qiānbǐ　② gāngbǐ　③ máobǐ　④ qiánbāo

(3) 好む
　① àihào　② xǐhuān　③ xǐài　④ huānxǐ

(4) 旅行
　① shàngxué　② shàngbān　③ lǚxíng　④ chūchāi

(5) 英語
　① yīngyǔ　② fǎyǔ　③ hànyǔ　④ rìyǔ

(6) 机
　① yǐzi　② kùzi　③ zhuōzi　④ xiézi

(7) 午後
　① xiàwǔ　② zhōngwǔ　③ shàngwǔ　④ wǎnshang

(8) 眠る
　① qǐchuáng　② xǐ liǎn　③ hē shuǐ　④ shuìjiào

(9) 食事する
　① chī miàn　② hē chá　③ chīfàn　④ hē jiǔ

(10) テレビ
　① diànyǐng　② diànshì　③ diànhuà　④ diànnǎo

解答と解説

(1) xuéxí（学习）
　解説　①休息(休む)　②学习(勉強する)　③复习(復習する)　④练习(練習する)
　Answer: ②

(2) qiānbǐ（铅笔）
　解説　①铅笔(鉛筆)　②钢笔(万年筆)　③毛笔(筆)　④钱包(財布)
　Answer: ①

(3) xǐhuān（喜欢）
　解説　①爱好(趣味)　②喜欢(好む)　③喜爱(好きだ)　④欢喜(喜ぶ)
　Answer: ②

(4) lǚxíng（旅行）
　解説　①上学(学校に通う)　②上班(通勤する)　③旅行(旅行する)　④出差(出張する)
　Answer: ③

(5) yīngyǔ（英语）
　解説　①英语(英語)　②法语(フランス語)　③汉语(中国語)　④日语(日本語)
　Answer: ①

(6) zhuōzi（桌子）
　解説　①椅子(椅子)　②裤子(ズボン)　③桌子(机)　④鞋子(靴)
　Answer: ③

(7) xiàwǔ（下午）
　解説　①下午(午後)　②中午(昼)　③上午(午前)　④晚上(夜)
　Answer: ①

(8) shuìjiào（睡觉）
　解説　①起床(起きる)　②洗脸(顔を洗う)　③喝水(水を飲む)　④睡觉(眠る)
　Answer: ④

(9) chīfàn（吃饭）
　解説　①吃面(麺を食べる)　②喝茶(お茶を飲む)　③吃饭(食事する)　④喝酒(酒を飲む)
　Answer: ③

(10) diànshì（电视）
　解説　①电影(映画)　②电视(テレビ)　③电话(電話)　④电脑(パソコン)
　Answer: ②

準4級　リスニング

準4級　第5章
数字

CD 31 ▶ 37

次の(1)〜(14)の下線部を中国語で言い表す場合に、最も適当なものを、それぞれ①〜④の中から１つ選びなさい。

(1) 110
① 百十　　②一百一　　③百一十　　④一百一零

(2) 2時45分
①二点四十五分　②两点一刻　③二刻四十五分　④两点三刻

(3) 8時間
①八时间　　②八个时间　　③八个小时　　④八点

(4) 12月23日
①十二月二十三号　②十二月二十三天　③十两月两十三号　④十二月两十三天

(5) 2週間
①星期二　　②星期两　　③二个星期　　④两个星期

(6) 19歳
①一十九年　　②十九岁　　③一十九岁　　④十九个岁

(7) 初めて
①一次　　②第一名　　③一下　　④第一次

解答と解説

(1) 一百一（yìbǎi yī） **Answer ②**

　解説 数字の読み方では100は必ず「一百(yībǎi)」と言う。3桁以上の数の末尾の0の位は言わなくてもよい。101のことではないので注意。

(2) 两点三刻（liǎngdiǎn sānkè） **Answer ④**

　解説 時刻の2時を表す場合は「二点」とは言わず、「两点(liǎngdiǎn)」と言う。15分は「一刻(yīkè)」、45分を「三刻(sānkè)」と言うことができる。

(3) 八个小时（bāge xiǎoshí） **Answer ③**

　解説 時間を表す場合は「八个小时(bāge xiǎoshí)」あるいは「八个钟头(bāge zhōngtóu)」と言う。

(4) 十二月二十三号（shí'èryuè èrshisānhào） **Answer ①**

　解説 「～月～日」と言う場合、2は「二(èr)」を使う。日は「号(hào)」を使う。2日間と言う場合は「两天(liǎngtiān)」と言う。

(5) 两个星期（liǎngge xīngqī） **Answer ④**

　解説 ①「星期二」は火曜日の意味。2週間は「二(èr)」は使わず、「两个星期(liǎngge xīngqī)」と言う。

(6) 十九岁（shíjiǔ suì） **Answer ②**

　解説 2桁の数字で十の位が1の場合は「一十」とは言わず、単に「十(shí)」と言う。

(7) 第一次（dìyīcì） **Answer ④**

　解説 ①「一次(yícì)」は「1回」、②「第一名(dìyīmíng)」は「第1位」、③「一下(yíxià)」は「1回の動作」を意味する。

準4級　第5章
数字

CD 38 ▶ 44

(8) 18.50元
① 十八块五　② 十八块五十毛　③ 十八毛五十块　④ 十八块零五分

(9) 昨日の午後
① 昨天的下午　② 昨天下午　③ 昨天的上午　④ 昨天上午

(10) 4人家族
① 四个人　② 四位人　③ 四口人　④ 四家人

(11) 2人の姉
① 二人姐姐　② 两口姐姐　③ 两个姐姐　④ 二个姐姐

(12) 2、3日間
① 两、三天　② 二、三号　③ 两、三号　④ 二、三天

(13) 2年半
① 两个半年　② 二年半　③ 两年半　④ 两个年半

(14) 来週の日曜
① 上星期七　② 下星期天　③ 上星期天　④ 下星期七

解 答 と 解 説

(8) 十八块五（shíbā kuài wǔ） ① Answer

解説 口語で「元(yuán)」は「块(kuài)」、「角(jiǎo)（＝1/10元）」は「毛(máo)」と言う。末尾の貨幣単位は省略されることがある。

(9) 昨天下午（zuótiān xiàwǔ） ② Answer

解説 「午前」は「上午」、「午後」は「下午」である。「昨天的下午」とは言わない。ちなみに、硬い文章では「昨日(zuórì)」も使うが、口語ではやはり「昨天」。

(10) 四口人（sì kǒurén） ③ Answer

解説 「～人家族」は「～口人(kǒurén)」と言う。

(11) 两个姐姐（liǎngge jiějie） ③ Answer

解説 「2人」と普通に言う場合は「两个(liǎngge)」になる。

(12) 两、三天（liǎng、sān tiān） ① Answer

解説 時間、期間を言う場合は「二(èr)」ではなく「两(liǎng)」を用いる。「2、3」は「两、三(liǎng、sān)」と言う。「～日間」と言う場合は「天(tiān)」を用いる。

(13) 两年半（liǎngniánbàn） ③ Answer

解説 「2年半」は「两年半(liǎngniánbàn)」だが「2か月半」は「两个半月(liǎngge bàn yuè)」と言う。

(14) 下星期天（xià xīngqītiān） ② Answer

解説 曜日の前につく「上」「下」はそれぞれ「先週の」「来週の」を意味する。「上个星期天」「下个星期天」の言い方もある。「星期七」は言わないが、硬い文章語では「星期日(xīngqīrì)」も使える。

挨拶・短文

準4級 第5章

次の(1)～(14)の場合、中国語で言い表すのに、最も適当なものを、それぞれ①～④の中から1つ選びなさい。

(1) 謝るとき。
　①没关系!　②谢谢你!　③不客气!　④对不起!

(2) 面倒をかけたとき。
　①好久不见了!　②麻烦你了!　③不要客气!　④哪里,哪里!

(3) 姓を尋ねるとき。
　①你哪儿人?　②你叫什么名字?　③你干什么?　④您贵姓?

(4) 時刻を尋ねるとき。
　①几号了?　②几岁了?　③几点了?　④几天了?

(5) 値段を尋ねるとき。
　①多少钱?　②多少人?　③多大了?　④几口人?

(6) ほめられたとき。
　①欢迎,欢迎!　②没关系!　③哪里,哪里!　④请原谅!

(7) 誕生日を祝うとき。
　①一路平安!　②生日快乐!　③新年快乐!　④打扰您了!

解答と解説

(1) 对不起！
　①かまいません。
　②ありがとうございます。
　③(主人に対して)どうぞおかまいなく。(客に対して)ご遠慮なさらずに。
　④ごめんなさい。

Answer: ④

(2) 麻烦你了！
　①お久しぶりです。
　②お手数かけました。
　③(主人に対して)どうぞおかまいなく。(客に対して)ご遠慮なさらずに。（「不客气」と同）
　④どういたしまして。

Answer: ②

(3) 您贵姓？
　①どこの人ですか。　　　　　　②お名前は何と言いますか。
　③何をするのですか。　　　　　④お名前(姓)は何とおっしゃいますか。

Answer: ④

(4) 几点了？
　①何日ですか。　　　　　　　　②いくつ(何歳)ですか。
　③何時ですか。　　　　　　　　④何日間ですか。

Answer: ③

(5) 多少钱？
　①いくらですか。　　　　　　　②何人ですか。
　③どのくらいの大きさですか。　④何人ですか。

Answer: ①

(6) 哪里，哪里！
　①ようこそ。　　　　　　　　　②かまいません。
　③どういたしまして。　　　　　④お許しください。

Answer: ③

(7) 生日快乐！
　①道中ご無事で。　　　　　　　②誕生日おめでとう。
　③あけましておめでとう。　　　④おじゃましました。

Answer: ②

準4級　リスニング

準4級　第5章
挨拶・短文

(8) 初めて会ったとき。
　□　①多谢,多谢!　②麻烦你了!　③好久没见了!　④初次见面!

(9) 席を勧めるとき。
　□　①请喝茶!　②请坐!　③请进!　④请问!

(10) 年長者に年齢を尋ねるとき。
　□　①你几岁了?　②您多大年纪?　③你多大?　④您几年级?

(11) 「いかがでしょうか」と尋ねるとき。
　□　①怎么样?　②怎么写?　③怎么念?　④怎么去?

(12) 「お国はどちらですか」と尋ねるとき。
　□　①你姓什么?　　　　　②你住哪儿?
　　　③你是哪国人?　　　　④你家在哪儿?

(13) 朝、挨拶するとき。
　□　①太好了!　②太早了!　③晚上好!　④早上好!

(14) 客を迎えるとき。
　□　①欢迎,欢迎!　②哪里,哪里!　③欢迎再来!　④彼此彼此!

解答と解説

(8) 初次见面!
①ありがとうございます。 ②お手数かけました。
③お久しぶりです。 ④初めまして。

Answer: ④

(9) 请坐!
①お茶をどうぞ。 ②お座りください。
③お入りください。 ④おたずねしますが。

Answer: ②

(10) 您多大年纪?
①年はいくつになったの。 ②お年はおいくつですか。
③いくつですか。 ④何学年ですか。

Answer: ②

(11) 怎么样?
①いかがですか。 ②どう書きますか。
③どのように読みますか。 ④どのように行きますか。

Answer: ①

(12) 你是哪国人?
①姓は何といいますか。 ②どこに住んでいますか。
③お国はどちらですか。 ④お住まいはどちらですか。

Answer: ③

(13) 早上好!
①とてもよい。 ②早すぎる。
③こんばんは。 ④おはようございます。

Answer: ④

(14) 欢迎, 欢迎!
①ようこそ。 ②どういたしまして。
③またお越しください。 ④お互いさま。

Answer: ①

単語 準4級レベル

形容詞・副詞

◎形容詞

矮	ǎi	(背、丈が)低い
白	bái	白い
长	cháng	長い
错	cuò	誤った
大	dà	大きい
低	dī	低い
短	duǎn	短い
对	duì	合っている、正しい
多	duō	多い
方便	fāngbiàn	便利だ
干净	gānjìng	きれいな、清潔な
高	gāo	高い
高兴	gāoxìng	嬉しい
好	hǎo	良い
好吃	hǎochī	おいしい
好看	hǎokàn	美しい、きれいな
黑	hēi	黒い
红	hóng	赤い
坏	huài	ひどい、悪い
黄	huáng	黄色い
简单	jiǎndān	簡単な
健康	jiànkāng	健康な
旧	jiù	古い
苦	kǔ	苦い、苦しい
快	kuài	速い
辣	là	辛い
蓝	lán	青い
累	lèi	疲れた
冷	lěng	寒い、冷たい
凉	liáng	冷たい、肌寒い
凉快	liángkuai	涼しい
慢	màn	(速度が)遅い、ゆっくりした
忙	máng	忙しい
难	nán	むずかしい
暖和	nuǎnhuo	暖かい
漂亮	piàoliang	きれいだ、美しい
轻	qīng	軽い
清楚	qīngchu	はっきりしている
热	rè	熱い、暑い
容易	róngyì	容易な、易しい
少	shǎo	少ない
酸	suān	すっぱい
甜	tián	甘い
晚	wǎn	(時間が)遅い
咸	xián	塩辛い
小	xiǎo	小さい
新	xīn	新しい
一样	yíyàng	同じだ
早	zǎo	(時間が)早い
重	zhòng	重い

◎副詞

别	bié	～するな、～してはいけない
不	bù	～ない
不要	búyào	～するな、～してはいけない
不用	búyòng	～する必要がない
才	cái	やっと、ようやく
常	cháng	よく
当然	dāngrán	当然
都	dōu	すべて、みんな
非常	fēicháng	非常に、きわめて
刚	gāng	ちょうど、～したばかり
更	gèng	一層、更に
还	hái	まだ、なお
很	hěn	とても
就	jiù	すぐに、すでに、～するなり
可能	kěnéng	たぶん、～かもしれない
马上	mǎshàng	ただちに、今すぐ
没有	méiyǒu	～してない
十分	shífēn	十分に、非常に
太	tài	あまりにも～だ、きわめて
先	xiān	先に、前もって
也	yě	～もまた
一共	yígòng	全部で
一起	yìqǐ	一緒に
有点儿	yǒudiǎnr	少し
又	yòu	また、重ねて
再	zài	再び、～したうえで
在	zài	～している
真	zhēn	本当に
正在	zhèngzài	ちょうど～している
只	zhǐ	～だけ
最	zuì	最も

［第 1 章］

4級

語句と声調の組み合わせ

例示された声調と同様のものを選択肢から選ぶ問題です。声調を正確に覚えておかないと解答できません。単語の正しい声調をきちんと押さえておきましょう。

筆 記

CHUKEN
4TH GRADE

4級　第1章
語句と声調の組み合わせ

次の(**1**)～(**18**)の語句と声調の組み合わせが同じものを、それぞれ①～④の中から1つ選びなさい。

(**1**) 能够
　☒　①可是　　②高兴　　③农业　　④人民

(**2**) 明年
　☒　①上课　　②篮球　　③面包　　④晚上

(**3**) 说明
　☒　①样子　　②本子　　③附近　　④当然

(**4**) 秋天
　☒　①伟大　　②友谊　　③痛快　　④咖啡

(**5**) 不如
　☒　①公里　　②化学　　③上边　　④希望

(**6**) 老家
　☒　①日语　　②课文　　③北方　　④午饭

解答と解説

(1) 能够（nénggòu）[意味] できる 　　[声調] 第二声＋第四声
① 可是（kěshì）[意味] しかし　② 高兴（gāoxìng）[意味] うれしい
③ 农业（nóngyè）[意味] 農業　④ 人民（rénmín）[意味] 人民

Answer ③

(2) 明年（míngnián）[意味] 来年　　[声調] 第二声＋第二声
① 上课（shàngkè）[意味] 授業を始める
② 篮球（lánqiú）[意味] バスケットボール
③ 面包（miànbāo）[意味] パン
④ 晚上（wǎnshang）[意味] 晩

Answer ②

(3) 说明（shuōmíng）[意味] 説明する　　[声調] 第一声＋第二声
① 样子（yàngzi）[意味] 見かけ　② 本子（běnzi）[意味] ノート
③ 附近（fùjìn）[意味] 付近　　④ 当然（dāngrán）[意味] 当然の

Answer ④

(4) 秋天（qiūtiān）[意味] 秋　　[声調] 第一声＋第一声
① 伟大（wěidà）[意味] 偉大な　② 友谊（yǒuyì）[意味] 友情
③ 痛快（tòngkuài）[意味] 愉快な　④ 咖啡（kāfēi）[意味] コーヒー
*軽声もあり

Answer ④

(5) 不如（bùrú）[意味] 〜に及ばない　　[声調] 第四声＋第二声
① 公里（gōnglǐ）[意味] キロメートル
② 化学（huàxué）[意味] 化学
③ 上边（shàngbian）[意味] 上
④ 希望（xīwàng）[意味] 希望

Answer ②

(6) 老家（lǎojiā）[意味] 故郷の実家　　[声調] 第三声＋第一声
① 日语（Rìyǔ）[意味] 日本語
② 课文（kèwén）[意味] 教科書の本文
③ 北方（běifāng）[意味] 北方
④ 午饭（wǔfàn）[意味] 昼食

Answer ③

4級 第1章
語句と声調の組み合わせ

（**7**）问题
- ☐ ①月亮　②热情　③会话　④母亲

（**8**）学院
- ☐ ①姐姐　②方面　③愉快　④生词

（**9**）相信
- ☐ ①正在　②发现　③教室　④女儿

（**10**）原来
- ☐ ①当然　②银行　③明天　④水平

（**11**）杯子
- ☐ ①孩子　②觉得　③条件　④舒服

（**12**）有些
- ☐ ①简单　②黑板　③没有　④世界

解答と解説

(7) 问题（wèntí）[意味] 問題　　　　[声調] 第四声＋第二声
① 月亮（yuèliang）[意味] 月　　② 热情（rèqíng）[意味] 情熱
③ 会话（huìhuà）[意味] 会話をする　④ 母亲（mǔqīn）[意味] 母親
*軽声もあり

Answer ②

(8) 学院（xuéyuàn）[意味] 単科大学　　[声調] 第二声＋第四声
① 姐姐（jiějie）[意味] 姉　　② 方面（fāngmiàn）[意味] 方面
③ 愉快（yúkuài）[意味] 愉快な　④ 生词（shēngcí）[意味] 新出単語

Answer ③

(9) 相信（xiāngxìn）[意味] 信じる　　[声調] 第一声＋第四声
① 正在（zhèngzài）[意味] ちょうど〜している
② 发现（fāxiàn）[意味] 発見する
③ 教室（jiàoshì）[意味] 教室
④ 女儿（nǚ'ér）[意味] 娘

Answer ②

(10) 原来（yuánlái）[意味] もとの、最初の　[声調] 第二声＋第二声
① 当然（dāngrán）[意味] 当然の　② 银行（yínháng）[意味] 銀行
③ 明天（míngtiān）[意味] 明日　④ 水平（shuǐpíng）[意味] 水平

Answer ②

(11) 杯子（bēizi）[意味] コップ　　[声調] 第一声＋軽声
① 孩子（háizi）[意味] 子供
② 觉得（juéde）[意味] 感じる
③ 条件（tiáojiàn）[意味] 条件
④ 舒服（shūfu）[意味] 気分がいい

Answer ④

(12) 有些（yǒuxiē）[意味] いくらかの　[声調] 第三声＋第一声
① 简单（jiǎndān）[意味] 簡単な　② 黑板（hēibǎn）[意味] 黒板
③ 没有（méiyǒu）[意味] ない　　④ 世界（shìjiè）[意味] 世界
*軽声もあり

Answer ①

4級　第1章
語句と声調の組み合わせ

(13) 外语
- ①周围　②部分　③问好　④常常

(14) 国家
- ①历史　②社会　③离开　④这么

(15) 电车
- ①基本　②录音　③他们　④一定

(16) 帮助
- ①服务　②经济　③青年　④完全

(17) 游泳
- ①词典　②成绩　③联系　④声调

(18) 现代
- ①自己　②儿子　③继续　④农民

解答と解説

(13) 外语（wàiyǔ）[意味] 外国語　　[声調] 第四声＋第三声　③ Answer
① 周围（zhōuwéi）[意味] 周囲
② 部分（bùfen）[意味] 部分
③ 问好（wènhǎo）[意味] 安否を尋ねる
④ 常常（chángcháng）[意味] しばしば

(14) 国家（guójiā）[意味] 国家　　[声調] 第二声＋第一声　③ Answer
① 历史（lìshǐ）[意味] 歴史
② 社会（shèhuì）[意味] 社会
③ 离开（líkāi）[意味] 離れる
④ 这么（zhème）[意味] このように

(15) 电车（diànchē）[意味] 電車　　[声調] 第四声＋第一声　② Answer
① 基本（jīběn）[意味] 基本　　② 录音（lùyīn）[意味] 録音する
③ 他们（tāmen）[意味] 彼ら　　④ 一定（yídìng）[意味] きっと

(16) 帮助（bāngzhù）[意味] 助ける　　[声調] 第一声＋第四声　② Answer
① 服务（fúwù）[意味] 奉仕する　　② 经济（jīngjì）[意味] 経済
③ 青年（qīngnián）[意味] 青年　　④ 完全（wánquán）[意味] 完全な

(17) 游泳（yóuyǒng）[意味] 水泳　　[声調] 第二声＋第三声　① Answer
① 词典（cídiǎn）[意味] 辞書　　② 成绩（chéngjì）[意味] 成績
③ 联系（liánxì）[意味] 連絡をとる　　④ 声调（shēngdiào）[意味] 声調

(18) 现代（xiàndài）[意味] 現代　　[声調] 第四声＋第四声　③ Answer
① 自己（zìjǐ）[意味] 自己　　② 儿子（érzi）[意味] 息子
③ 继续（jìxù）[意味] 継続する　　④ 农民（nóngmín）[意味] 農民

単語 4級レベル

動詞①

中文	ピンイン	日本語
安	ān	取りつける
搬	bān	運ぶ
搬家	bānjiā	引っ越す
帮助	bāngzhù	助ける
帮忙	bāngmáng	手伝う
抱	bào	抱く、抱える
报告	bàogào	報告する
比较	bǐjiào	比較する
毕业	bìyè	卒業する
变	biàn	変わる、変える
表示	biǎoshì	(言葉、行為で)示す
擦	cā	擦る
参观	cānguān	参観する、見学する
炒	chǎo	炒める
迟到	chídào	遅刻する
出差	chūchāi	出張する
出口	chūkǒu	輸出する
出来	chūlái	出てくる
出门	chūmén	外出する
出去	chūqù	出ていく
吹	chuī	吹く
答应	dāying	答える、承知する
打工	dǎgōng	アルバイトする
打扫	dǎsǎo	掃除する
打算	dǎsuàn	～するつもりである
倒	dǎo	倒れる
得到	dédào	手に入れる
掉	diào	落ちる
动	dòng	動く
锻炼	duànliàn	鍛える
发烧	fāshāo	熱が出る
发生	fāshēng	発生する
发现	fāxiàn	発見する、気がつく
翻译	fānyì	翻訳する、通訳する
反对	fǎnduì	反対する
访问	fǎngwèn	訪問する
放假	fàngjià	休みになる
放学	fàngxué	学校が終わる
飞	fēi	飛ぶ
分	fēn	分ける
缝	féng	縫う
服务	fúwù	サービスする
改	gǎi	変える、改める
赶	gǎn	追いかける、急ぐ
感到	gǎndào	～と感じる
告辞	gàocí	(別れの)挨拶をする
跟	gēn	後に従う
刮风	guāfēng	風が吹く
挂	guà	掛ける
关心	guānxīn	関心を持つ
管	guǎn	管理する
广播	guǎngbō	放送する
过	guò	通り過ぎる、渡る、過す、暮らす
过来	guòlái	やってくる
过去	guòqù	こちらからあちらに行く
还价	huánjià	値切る
换	huàn	換える
回答	huídá	回答する
回来	huílái	帰ってくる
回去	huíqù	帰っていく
加	jiā	加える
交	jiāo	提出する
结束	jiéshù	終わる
解	jiě	解く
借	jiè	借りる、貸す
介绍	jièshào	紹介する
进口	jìnkǒu	輸入する
进来	jìnlái	入ってくる
进去	jìnqù	入っていく
举	jǔ	提起する
觉得	juéde	感じる
决定	juédìng	決定する
开会	kāihuì	会議をする
开始	kāishǐ	開始する
烤	kǎo	火にあぶる
考试	kǎoshì	試験する
看病	kànbìng	診療する
		診察を受ける
咳嗽	késou	咳をする

［第 2 章］

4級

ピンイン表記

単語の正しいピンイン表記を選択肢から選ぶ問題です。第 1 章同様、正確に覚えていないと解答できません。単語の正しい表記をきちんと押さえておきましょう。

筆記

CHUKEN
4TH GRADE

ピンイン表記

4級 第2章

次の(**1**)～(**20**)の語句の正しいピンイン表記を、それぞれ①～④の中から1つ選びなさい。

(**1**) 预习
① yùshí ② yúx ③ yúshì ④ yùxí

(**2**) 词典
① zìdiǎn ② cídiǎn ③ zídiǎn ④ cìdiǎn

(**3**) 好看
① hǎogàn ② hǎogǎn ③ hǎokàn ④ hǎokǎn

(**4**) 马上
① bǎshàng ② māshàng ③ bāshàng ④ mǎshàng

(**5**) 新年
① xīnnián ② xīngnián ③ jīnnián ④ jīngnián

(**6**) 中学
① zhōngxué ② cōngxué ③ zhòngxué ④ còngxué

(**7**) 访问
① hǎnwèn ② fāngwèn ③ hānwèn ④ fǎngwèn

(**8**) 今天
① jìntiān ② qīngtiān ③ jīntiān ④ qìngtiān

(**9**) 实现
① xíxiàn ② shíxiàn ③ xīxiàn ④ shīxiàn

(**10**) 信封
① xīngfèng ② xìnfèng ③ xìnfēng ④ xìngfēng

解 答 と 解 説

(1) 预习（yùxí）　［意味］ 予習する　**Answer** ④

(2) 词典（cídiǎn）　［意味］ 辞書　**Answer** ②

(3) 好看（hǎokàn）　［意味］ 美しい　**Answer** ③

(4) 马上（mǎshàng）　［意味］ ただちに　**Answer** ④

(5) 新年（xīnnián）　［意味］ 新年　**Answer** ①

(6) 中学（zhōngxué）　［意味］ 中学校　**Answer** ①

(7) 访问（fǎngwèn）　［意味］ 訪問する　**Answer** ④

(8) 今天（jīntiān）　［意味］ 今日　**Answer** ③

(9) 实现（shíxiàn）　［意味］ 実現する　**Answer** ②

(10) 信封（xìnfēng）　［意味］ 封筒　**Answer** ③

4級 第2章
ピンイン表記

(11) 满意
- ① màngyī ② mǎnyì ③ mànyī ④ mǎngyì

(12) 别人
- ① lìngrén ② biērén ③ biérén ④ língrén

(13) 袜子
- ① wàzi ② mòzi ③ wǎzi ④ mǒzi

(14) 银行
- ① yīnxíng ② yínháng ③ yíngxíng ④ yīnháng

(15) 生日
- ① shèngrì ② shènglì ③ shēnglì ④ shēngrì

(16) 孩子
- ① gáizi ② káizi ③ háizi ④ sáizi

(17) 暖和
- ① yuánhuo ② duǎnhé ③ yuǎnhé ④ nuǎnhuo

(18) 足球
- ① zǐqiú ② cùjiú ③ zúqiú ④ jùjiú

(19) 旁边
- ① pángbiān ② bángbiān ③ pánpiān ④ bánpiān

(20) 欢迎
- ① huāngyín ② huányīng ③ huángyīn ④ huānyíng

解 答 と 解 説

(11) 满意 （mǎnyì）　[意味]　満足する　**Answer: ②**

(12) 别人 （biérén）　[意味]　他の人　**Answer: ③**

(13) 袜子 （wàzi）　[意味]　靴下　**Answer: ①**

(14) 银行 （yínháng）　[意味]　銀行　**Answer: ②**

(15) 生日 （shēngrì）　[意味]　誕生日　**Answer: ④**

(16) 孩子 （háizi）　[意味]　子供　**Answer: ③**

(17) 暖和 （nuǎnhuo）　[意味]　暖かい　**Answer: ④**

(18) 足球 （zúqiú）　[意味]　サッカー　**Answer: ③**

(19) 旁边 （pángbiān）　[意味]　傍、隣　**Answer: ①**

(20) 欢迎 （huānyíng）　[意味]　歓迎する　**Answer: ④**

4級　ピンイン表記

単語 4級レベル

動詞②

拉	lā	引っ張る
来不及	láibují	間に合わない
来得及	láidejí	間に合う
联系	liánxì	連絡する、関係づける
练习	liànxí	練習する
聊天儿	liáotiānr	世間話をする
了	liǎo	終わる
了解	liǎojiě	了解する
流	liú	流れる
路过	lùguò	通り過ぎる
录像	lùxiàng	録画する
落	luò	落ちる
能够	nénggòu	〜できる
弄	nòng	いじる、つくる
爬	pá	はう、よじ登る
破	pò	破れる、壊れる
骑车	qí chē	自転車に乗る
起床	qǐchuáng	起きる
起来	qǐlái	立ち上がる、起き上がる
切	qiē	切る
请假	qǐngjià	休暇を願い出る、休みをとる
取	qǔ	手に取る
认为	rènwéi	〜と考える
商量	shāngliang	相談する
上来	shànglái	上がって来る
上去	shàngqù	上がって行く
烧	shāo	焼く
少	shǎo	足りない
生	shēng	生む、生える
生活	shēnghuó	生活する、暮らす
剩	shèng	残る、余る
使	shǐ	使う、〜に〜をさせる
数	shǔ	数える
睡	shuì	眠る
说话	shuōhuà	話す
死	sǐ	死ぬ
算	suàn	数える、数の内に入れる やめる
弹	tán	はじく(楽器を)弾く
躺	tǎng	横たわる
逃	táo	逃げる
讨论	tǎolùn	討諭する
挑	tiāo	選ぶ、より分ける
贴	tiē	貼る
通知	tōngzhī	通知する、知らせる
同意	tóngyì	同意する、賛成する
偷	tōu	盗む
吐	tǔ	吐きだす
推	tuī	押す
退	tuì	返す、払い戻す
脱	tuō	脱ぐ
玩儿	wánr	遊ぶ
闻	wén	嗅ぐ
问好	wènhǎo	挨拶を送る
握	wò	握る、つかむ
吸	xī	吸う
希望	xīwàng	希望する、願う
喜欢	xǐhuan	好む
下来	xiàlái	降りてくる
下去	xiàqù	降りていく
相信	xiāngxìn	信じる
像	xiàng	似る、〜のようだ
小心	xiǎoxīn	気をつける
醒	xǐng	目覚める
修	xiū	修理する、直す
研究	yánjiū	研究する、考慮する
影响	yǐngxiǎng	影響する
原谅	yuánliàng	許す、了解する
张	zhāng	開く、広げる
掌握	zhǎngwò	把握する、マスターする
着急	zháojí	焦る
照顾	zhàogu	配慮する、気を配る
照相	zhàoxiàng	写真を撮る
指	zhǐ	指差す、指す、意味する
煮	zhǔ	煮る
注意	zhùyì	注意する
抓	zhuā	つかむ、捕まえる
装	zhuāng	装う、取りつける
准备	zhǔnbèi	準備する
作	zuò	行う、する
坐车	zuòchē	車に乗る

［第3章］

4級

空欄補充

選択肢から正しいものを選び、中国語文を完成させる問題です。副詞、助詞、助動詞、疑問詞など、文の成分ごとに、よく出るものをまとめて学習できるようになっています。意味と使い方について、押さえておきましょう。

筆 記

4級　第3章

空欄補充

動詞

次の(1)～(5)の各文の空欄を埋める最も適当なものを、それぞれ①～④の中から1つ選びなさい。

(1) 我爸爸每天（　　　）地铁上班。
　①用　　②开　　③坐　　④骑

(2) 小王常常和同学们一起（　　　）足球。
　①打　　②干　　③做　　④踢

(3) 我妹妹钢琴（　　　）得很好。
　①打　　②吹　　③弹　　④拉

(4) 我昨天到医院（　　　）病。
　①生　　②装　　③得　　④看

(5) 今天早上有点儿头痛,（　　　）了一片止疼药。
　①吃　　②点　　③喝　　④涂

解答と解説

(1) 完成文 我爸爸每天（坐）地铁上班

質問訳 父は毎日、地下鉄で出勤します。

解説 バスやタクシー、電車、飛行機、船などの乗り物に乗る場合、動詞は「坐」を使う。例「坐船去中国（船に乗って中国へ行く）」「自動車に乗る」も「坐汽车」と言うが、自分で運転するなら、「开汽车」と動詞が変わるので注意。また、自転車やオートバイはまたがって乗ることから、特に「骑」を使う。例「我骑自行车上学（私は自転車で登校します）」

Answer ③

(2) 完成文 小王常常和同学们一起（踢）足球。

質問訳 王君はよくクラスメートと一緒にサッカーをします。

解説 「干」も「做」も「する、やる」という意味の動詞だが、球技をする場合には使わない。球技には「打篮球（バスケットをする）」「打网球（テニスをする）」のように、一般的に「打」を使うが、サッカーは「蹴る」という意味の「踢」を使う。

Answer ④

(3) 完成文 我妹妹钢琴（弹）得很好。

質問訳 妹はピアノが上手です。

解説 日本語ではピアノもバイオリンも「弾く」と言うが、中国語では、弦をはじいたり、鍵盤をたたいたりして演奏する楽器には「弹」、弓でこすって演奏する楽器には「拉」を使う。例「弹吉他（ギターを弾く）」「弹风琴（オルガンを弾く）」「拉小提琴（バイオリンを弾く）」「拉二胡（二胡を弾く）」ただし、アコーディオンは鍵盤楽器だが、蛇腹を引っ張る動作から「拉手风琴」と言う。また、太鼓・ドラムなどの打楽器には「打」、笛・トランペットなどの管楽器には「吹」を使う。

Answer ③

(4) 完成文 我昨天到医院（看）病。

質問訳 昨日、病院へ診察を受けに行きました。

解説 「生病」「得病」は「病気になる」、「装病」は「仮病を使う」の意味。したがってここでは「看病」が正解となる。なお、「看病」には「診察を受ける」の他、「診察する」という用法もあるので覚えておこう。例「医生给病人看病（医者が患者を診察する）」

Answer ④

(5) 完成文 今天早上有点儿头痛，（吃）了一片止痛药。

質問訳 今朝、少し頭痛がしたので痛み止めを1錠飲みました。

解説 固形の薬を飲む場合、動詞は「吃」。水薬ならば「喝」を使うが、ここでは薄く平らなものを数える量詞「片」があることから、薬は錠剤・丸薬に限定される。「点」は「点眼药（眼薬をさす）」、「涂」は「涂药（塗り薬を塗る）」と言うときに使う動詞。

Answer ①

空欄補充

4級 第3章　　　　　　　　　　　　　　　　形容詞

次の(1)〜(5)の各文の空欄を埋める最も適当なものを、それぞれ①〜④の中から1つ選びなさい。

(1) 我哥哥个子很（　　）。
　①低　　②高　　③短　　④长

(2) 妈妈做的点心很（　　）。
　①好喝　　②好听　　③好吃　　④好闻

(3) 我家的房子太（　　）。
　①小　　②细　　③短　　④瘦

(4) 他跑得非常（　　）。
　①快　　②早　　③赶快　　④晚

(5) 今天天气有点儿（　　）。
　①好　　②舒服　　③冷　　④不错

解答と解説

（1） [完成文] 我哥哥个子很（高）。　**Answer ②**
  [質問訳] 兄は背が高い。
  [解説] 「长」「短」は長さの長短を言い、「个子」の形容詞としてふさわしくない。「低」は一見ここに当てはまりそうな気もするが、身長が低い場合は普通「矮」を使うので、ここに入るのは「高」だけ。

（2） [完成文] 妈妈做的点心很（好吃）。　**Answer ③**
  [質問訳] お母さんの作るお菓子はおいしい。
  [解説] 日本語では食べ物・飲み物どちらに対しても「おいしい」と言うが、中国語では、食べておいしい場合は「好吃」、飲んでおいしい場合は「好喝」と、それを感じた動作によって言い方が変わる。ここではお菓子がおいしいのだから、答えは「好吃」。こうした「好＋動詞」の言葉は、本来は「～しやすい」「～するのが快い」の意味で、選択肢にある「好听」は「聞きやすい＝耳触りがよい」、「好闻」は「香りを嗅いで心地よい＝かぐわしい」の意味。

（3） [完成文] 我家的房子太（小）。　**Answer ①**
  [質問訳] 我が家は狭すぎます。
  [解説] 「细」は「細い」、「瘦」は「服や靴などが窮屈である」の意味。「短」は「短い」という意味なので、当然「家」には使わない。よって答えは①。

（4） [完成文] 他跑得非常（快）。　**Answer ①**
  [質問訳] 彼は足が非常に速い。
  [解説] 「快」は速いことを言う形容詞で、反義語は「慢」。「早」「晚」はそれぞれ、時間的に早い・遅いに対して言う形容詞。「请你早点儿来（早めに来てください）」「昨天我睡得很晚（昨日は寝たのが遅かった）」のように使う。「赶快」は「急いで、早く」という意味の副詞。したがって答えは①。

（5） [完成文] 今天天气有点儿（冷）。　**Answer ③**
  [質問訳] 今日は少し寒い。
  [解説] 「好」は「よい」、「舒服」は「心地よい」、「不错」は「すばらしい」の意味。「天气」との組み合わせはよい。だが問題文には、好ましくないことについて「少し、やや」の気持ちを表す副詞「有点儿」があるため、これらのプラス評価の言葉は、ここには当てはまらない。

空欄補充

4級 第3章

副詞

次の(1)〜(5)の各文の空欄を埋める最も適当なものを、それぞれ①〜④の中から1つ選びなさい。

(1) 我改天（　　）来。
　① 再　　② 也　　③ 还　　④ 又

(2) 我（　　）去过一次北京。
　① 不　　② 曾经　　③ 刚才　　④ 要

(3) 下星期（　　）开学了。
　① 正在　　② 曾经　　③ 就要　　④ 刚才

(4) 妈妈一回家，小明（　　）关上电视。
　① 才　　② 刚　　③ 再　　④ 就

(5) 我晚上十一点（　　）到饭店。
　① 才　　② 马上　　③ 快　　④ 更

解答と解説

(1) [完成文] 我改天（再）来。
[質問訳] 日を改めてまたうかがいます。
[解説] 「再」「又」は動作や行為の繰り返しを表し、どちらも「また」という日本語に訳されるが、多く「再」は未実現の、「又」は実現済みのことについて使う。例「我想再去桂林（また桂林に行きたい）」、「また～しますか」の疑問文では「还」を使うことが多い。例「你明天还来吗?（また明日来ますか）」「也」は「～もまた」の意味で、性質や動作などが同じであることを表す。例「我是上海人，我妻子也是上海人（私は上海人です、妻もまた上海人です）」

Answer ①

(2) [完成文] 我（曾经）去过一次北京。
[質問訳] 私はかつて1度、北京に行ったことがあります。
[解説] 問題文中に経験を表す助詞「过」があることに注目。「～したことがない」と経験を否定する場合は「没有～过」の形になるため、この文に「不」は使えない。「要」は将来の動作を表す語なので、経験を表す「过」といっしょには使えない。「刚才」は「たったいま」の意味なので、ふさわしくない。

Answer ②

(3) [完成文] 下星期（就要）开学了。
[質問訳] 来週から新学期が始まります。
[解説] 「就要～了」「快要～了」は「もうすぐ～だ」の意味で、動作・行為の起こる時間が間近に迫っていることを表し、「要」を省略して「就～了」「快～了」とも言う。「正在」は「ちょうど今～している」と、動作が進行中であることを表す副詞。例「他们俩正在谈恋爱（彼らは恋愛中だ）」「曾经」は（2）を参照。「刚才」は「ついさっき」という意味の名詞。未来を表す「下星期」に続けられるのは、ここでは③だけ。

Answer ③

(4) [完成文] 妈妈一回家，小明（就）关上电视。
[質問訳] お母さんが帰ってきたとたん、明君はテレビを消しました。
[解説] 「一…就…（…するやすぐに…）」の文型。副詞「就」の位置に注意。「一…」と「就…」の主語が変わる場合は、2つ目の主語の後に「就」を置く。

Answer ④

(5) [完成文] 我晚上十一点（才）到饭店。
[質問訳] 午後11時にようやくホテルへたどり着きました。
[解説] 「才」は「ようやく」、「马上」は「ただちに」、「快」は「まもなく」、「更」は「さらに」の意味で、①が正解。

Answer ①

4級　第3章
空欄補充　　　　　　　助詞

次の(1)～(5)の各文の空欄を埋める最も適当なものを、それぞれ①～④の中から1つ選びなさい。

(1) 我喝咖啡，你（　　　）？
　①吗　②吧　③呢　④啊

(2) 书架上放（　　　）很多书。
　①好　②着　③在　④过

(3) 我还没去（　　　）云南。
　①过　②到　③着　④了

(4) 儿子每天都高高兴兴（　　　）上学。
　①的　②着　③地　④得

(5) 我是打的来（　　　）。
　①着　②了　③呢　④的

解 答 と 解 説

(1) [完成文] 我喝咖啡，你（呢）？
   [質問訳] 私はコーヒーを飲みます、あなたは？
   [解説] 「Aは～だが、Bはどうか」と尋ねる表現で、語尾につけるのが「呢」。「吗」は疑問、「啊」は感嘆の語尾。

   Answer ③

(2) [完成文] 书架上放（着）很多书。
   [質問訳] 本棚には本がたくさん並んでいます。
   [解説] 「着」は状態の持続、「过」は経験を表す。「在」は「在＋場所」で所在を示す。問題文は「在」を使って表す場合には「很多书放在书架上」となるため、空欄には該当しない。「好」は助詞ではなく、ここでは意味が合わない。

   Answer ②

(3) [完成文] 我还没去（过）云南。
   [質問訳] 私はまだ雲南へ行ったことがありません。
   [解説] 「还没去（まだ行かない）」とあるので、経験を表す「过」を入れるのが正解。「到」は達成、「着」は「zhe」で現在進行、「zháo」で到達、「了」は過去や完了を表す。

   Answer ①

(4) [完成文] 儿子每天都高高兴兴（地）上学。
   [質問訳] 息子は毎日楽しそうに学校へ通っています。
   [解説] 「的」「地」「得」は、いずれも「de」と発音するが、「的」は名詞、「地」は形容詞、「得」は動詞の後につく。

   Answer ③

(5) [完成文] 我是打的来（的）。
   [質問訳] 私はタクシーに乗ってきたのです。
   [解説] 「是…的」は、挟まれたものを強調する文型。最初の「的」はタクシーの意味で「dī」と発音する。

   Answer ④

4級 空欄補充

91

空欄補充

準4級 第3章 — 助動詞

次の(1)〜(5)の各文の空欄を埋める最も適当なものを、それぞれ①〜④の中から1つ選びなさい。

(1) 这儿（　　）抽烟吗？
　①行　②可以　③可能　④会

(2) 我不（　　）去国外旅行。
　①想　②得　③要　④行

(3) 他们要是听到这个消息，一定（　　）高兴的。
　①可能　②会　③要　④能

(4) 学生（　　）好好儿学习。
　①会　②能　③可以　④应该

(5) 我妹妹很（　　）画画儿。
　①能够　②能　③可以　④会

解答と解説

(1) [完成文] 这儿（可以）抽烟吗？

[質問訳] ここでたばこを吸ってもいいですか。

[解説] すべて「できる」の意味だが、「可以」は許可、「可能」は可能性、「会」は習得を表す。「行」を使う場合は、文末に用いて「这儿抽烟，行吗?」のような形になる。

Answer ②

(2) [完成文] 我不（想）去国外旅行。

[質問訳] 私は海外旅行に行きたくありません。

[解説] 助動詞の否定。肯定には「想」「要」も使えるが、否定には「不想」だけ使える。

Answer ①

(3) [完成文] 他们要是听到这个消息，一定（会）高兴的。

[質問訳] このニュースを聞いたら彼らはさぞ喜ぶでしょう。

[解説] 「可能」「会」は共に可能性を示すが、「会」には推測や予測のニュアンスがあるため、仮定文では「会」を用いる。

Answer ②

(4) [完成文] 学生（应该）好好儿学习。

[質問訳] 学生はしっかり学ぶべきです。

[解説] どの回答を選んでも成り立つが、文章の内容から判断して④の「应该（〜すべき）」が正解。「会（習得して〜できる）」「能（〜することができる）」「可以（〜してもかまわない）」は、この文章の内容にはふさわしくない。

Answer ④

(5) [完成文] 我妹妹很（会）画画儿。

[質問訳] 妹は絵を描くのが上手です。

[解説] いずれも「できる」の意味だが、「能够」は能力や条件が一定の水準に達していることを示す。「可以」は許可、「能」「会」は共に能力の有無を表すが、努力によって得た技術や特殊性が高い能力には「会」を用いることが多い。「很会」は「上手にできる」の意味。

Answer ④

4級 第3章
空欄補充

疑問詞

次の(1)〜(5)の各文の空欄を埋める最も適当なものを、それぞれ①〜④の中から1つ選びなさい。

(1) 你想吃（　　）?
　☐　①哪儿　　②什么　　③哪　　④怎么

(2) 苹果（　　）钱一个?
　☐　①多高　　②多大　　③几　　④多少

(3) 您准备（　　）时候去中国?
　☐　①什么　　②多少　　③怎么　　④哪个

(4) 现在（　　）点?
　☐　①几　　②什么　　③哪　　④多少

(5) 这件事（　　）都知道。
　☐　①哪儿　　②怎么　　③多少　　④谁

解答と解説

(1) [完成文] 你想吃（什么）?
   [質問訳] あなたは何が食べたいですか。
   [解説] 「哪儿」は「どこ」、「什么」は「何」、「哪」は「どれ」、「怎么」は「どのように」の意味。日本語の意味から「哪」でも使えそうだが、その場合は「哪个」「哪一个」の形にする必要がある。

   Answer ②

(2) [完成文] 苹果（多少）钱一个?
   [質問訳] リンゴは1ついくらですか。
   [解説] 値段を尋ねる表現は「多少」。「多高」は高さ、「多大」は大きさの程度を表す際に用いる。「几」は主に10未満の数量を問う場合に使う。

   Answer ④

(3) [完成文] 您准备（什么）时候去中国?
   [質問訳] 中国へはいついらっしゃるご予定ですか。
   [解説] 「いつ」を尋ねる場合は「什么时候」を使う。「哪个」はいくつかあるもののうちから選ぶ場合に用いる。

   Answer ①

(4) [完成文] 现在（几）点?
   [質問訳] 今何時ですか。
   [解説] 一般に10未満の小さな数に「几」を用いるが、「何月」「何日」「何時」などの場合は、10以上の数が含まれても「几月」「几号」「几点」と表す。しかし「何年」は「哪年」となる。

   Answer ①

(5) [完成文] 这件事（谁）都知道。
   [質問訳] このことは誰もが知っています。
   [解説] 疑問代詞の活用で、任意の意味を表す。同じように、「哪儿都有（どこにでもある）」「怎么都可以（どのようにしてもいい）」「什么都喜欢（何でも好き）」などと言うことができる。この場合は、文の内容から判断して「谁」を用いる。

   Answer ④

4級 空欄補充

4級 第3章

空欄補充

量詞

次の(1)〜(5)の各文の空欄を埋める最も適当なものを、それぞれ①〜④の中から1つ選びなさい。

(1) 借我一(　　)雨伞, 好吗?
　　①张　　②本　　③把　　④条

(2) 这(　　)钢笔是你的吗?
　　①块　　②支　　③条　　④件

(3) 我家养了两(　　)猫。
　　①只　　②匹　　③条　　④头

(4) 先来一(　　)啤酒。
　　①本　　②杯　　③壶　　④桶

(5) 这本小说我看了好几(　　)。
　　①阵　　②遍　　③顿　　④场

解答と解説

（1） [完成文] 借我一（把）雨伞，好吗？
[質問訳] 傘を貸していただけますか。
[解説] 「张」は「纸（紙）」「床（ベッド）」など平らな面を持つものを、「本」は「书（本）」「词典（辞書）」などの書物を数える。「把」は「雨伞（傘）」「剪刀（はさみ）」「钥匙（鍵）」「椅子（いす）」など、握りのあるものに使う。「条」は「裤子（ズボン）」「河（川）」「鱼（魚）」といった細長いものの他、「消息（ニュース）」「狗（犬）」などを数える。

Answer ③

（2） [完成文] 这（支）钢笔是你的吗？
[質問訳] この万年筆はあなたのですか。
[解説] 「块」は「石头（石）」「肥皂（石鹸）」「蛋糕（ケーキ）」「手表（腕時計）」など、かたまり状のものを数える。「支」は「铅笔（鉛筆）」「香烟（たばこ）」「枪（銃）」など、棒状のものの他、「曲子（歌）」などにも使う。「件」は「衣服（服）」「事（事柄）」などを数える。「条」については上のとおり。

Answer ②

（3） [完成文] 我家养了两（只）猫。
[質問訳] うちは猫を２匹飼っています。
[解説] 「只」は動物や昆虫全般を数えるが、牛、豚、羊などの家畜には「头」を、馬やロバには「匹」を使うこともある。

Answer ①

（4） [完成文] 先来一（杯）啤酒。
[質問訳] まずビールを１杯ください。
[解説] 「本」は「册」の意味。コップ・茶碗に入った液体は「杯」で数える。例「喝一杯（お茶を１杯飲む）」「壶」はポットに入れた液体を数える。例「一壶茶（ポット入りのお茶）」「桶」はバケツ・おけを単位に数える。例「打一桶水（バケツ１杯の水を汲む）」以上から正解は②。なお、瓶ビールを注文するときの量詞は「瓶」になるので注意。

Answer ②

（5） [完成文] 这本小说我看了好几（遍）。
[質問訳] この小説は何度も読みました。
[解説] 「阵」は一定時間続く現象を数えるときに用いる。「遍」は動作の始めから終わりまでの全過程を「１回」として数える。「顿」は食事、叱責、忠告、罵倒などの動作を数える。「场」はある種の言葉や行為の経過を一区切りとして数える。

Answer ②

4級 空欄補充

4級　第3章
空欄補充

介詞

次の(1)〜(5)の各文の空欄を埋める最も適当なものを、それぞれ①〜④の中から1つ選びなさい。

(1) 学校（　　）车站很远。
　　①离　　②比　　③从　　④向

(2) 你（　　）哪儿工作?
　　①从　　②在　　③离　　④往

(3) 昨天我（　　）妈妈打了个电话。
　　①对　　②给　　③跟　　④替

(4) 今天（　　）昨天更冷。
　　①和　　②没有　　③到　　④比

(5) 我（　　）花盆搬到阳台上。
　　①让　　②把　　③为　　④给

解答と解説

（1） [完成文] 学校（离）车站很远。

[質問訳] 学校は駅から遠い。

[解説] 「离」と「从」はいずれも「〜から」の意味だが、空間の遠近を表す際は「离」を用いる。「向」は「〜へ」の意味で、距離を表す際は用いない。

Answer ①

（2） [完成文] 你（在）哪儿工作？

[質問訳] あなたはどこで働いていますか。

[解説] 「从」は「〜から」の意味で、移動の起点を表す。「离」も「〜から」の意味だが、距離を表す。「往」は「〜へ」の意味なので、「〜で」を表す「在」が正解。

Answer ②

（3） [完成文] 昨天我（给）妈妈打了个电话。

[質問訳] 昨日母に電話しました。

[解説] 「〜に電話する」は「给〜打电话」「打电话给〜」と、「给」を用いる。「話をする」は「对〜说话（〜に話す）」「跟〜说话（〜と話す）」と言う。

Answer ②

（4） [完成文] 今天（比）昨天更冷。

[質問訳] 今日は昨日よりもっと寒い。

[解説] 文中に「更」があることから、比較の内容であるとわかる。よって、④の「比（〜と比べて、〜より）」が正解。「和」を使う場合は「今天和昨天一样冷（今日と昨日は同じくらい寒い）」、「没有」を使う場合「今天没有昨天那么冷（今日は昨日ほど寒くない）」のような文になる。

Answer ④

（5） [完成文] 我（把）花盆搬到阳台上。

[質問訳] 私は植木鉢をベランダに移しました。

[解説] 「主語＋述語＋目的語」の語順を替えて「主語＋目的語＋述語」にする際、目的語となる名詞の前に「把」を伴う。これにより、通常の語順より目的語が強調される。「让」は「〜させる」、「为」は「〜のために」、「给」は「〜に」の意味。

Answer ②

4級 空欄補充

単語 4級レベル

名詞①

爱好	àihào	趣味		访问	fǎngwèn	訪問
白菜	báicài	白菜		风	fēng	風
办法	bànfǎ	方法		服务员	fúwùyuán	接客係
办公室	bàngōngshì	事務室		附近	fùjìn	付近
棒球	bàngqiú	野球		刚才	gāngcái	さっき
傍晚	bàngwǎn	夕方		感冒	gǎnmào	風邪
北边	běibiān	北、北側		钢琴	gāngqín	ピアノ
笔	bǐ	ペン		工厂	gōngchǎng	工場
比赛	bǐsài	試合、コンクール		工夫	gōngfu	時間、暇
冰	bīng	氷		工人	gōngrén	労働者
鼻子	bízi	鼻		工作	gōngzuò	仕事
病	bìng	病気		故事	gùshi	物語
病人	bìngrén	病人		关系	guānxi	関係
菜单	càidān	メニュー		国家	guójiā	国
草	cǎo	草		果汁	guǒzhī	ジュース
场	chǎng	場所		过去	guòqù	過去
超市	chāoshì	スーパーマーケット		海	hǎi	海
城市	chéngshì	都市		寒假	hánjià	冬休み
衬衫	chènshān	シャツ		号码	hàomǎ	番号
船	chuán	船		汉字	hànzì	漢字
春节	chūnjié	春節		河	hé	河
词	cí	単語		红茶	hóngchá	紅茶
答案	dá'àn	答案、答え		活动	huódòng	活動、行事
大小	dàxiǎo	大きさ、サイズ		护士	hùshì	看護師
大衣	dàyī	コート		护照	hùzhào	パスポート、旅券
刀子	dāozi	小刀、ナイフ		火	huǒ	火
德语	Déyǔ	ドイツ語		鸡	jī	鶏
灯	dēng	明かり		饺子	jiǎozi	餃子
地	dì	地面、大地		鸡蛋	jīdàn	鶏卵
地方	dìfang	所		机会	jīhuì	機会
地铁	dìtiě	地下鉄		机器	jīqì	機械
电灯	diàndēng	電灯		家具	jiājù	家具
电视台	diànshìtái	テレビ局		教室	jiàoshì	教室
电影院	diànyǐngyuàn	映画館		价钱	jiàqián	値段
东边	dōngbiān	東、東側		肩	jiān	肩
动物	dòngwù	動物		健康	jiànkāng	健康
肚子	dùzi	腹		将来	jiānglái	将来、未来
便利店	biànlìdiàn	コンビニエンスストア		酱油	jiàngyóu	しょうゆ
方法	fāngfǎ	方法		教育	jiàoyù	教育
方向	fāngxiàng	方向		街	jiē	街、通り
房子	fángzi	家屋		节目	jiémù	演目、プログラム

[第4章]

4級

中文選択

日本語の出題文を見て、同じ内容を正しく表している中文を選ぶ問題です。基本文型の語順をしっかりと押さえておきましょう。

筆記

CHUKEN
4TH GRADE

中文選択

4級 第4章

次の(**1**)～(**10**)の日本語の意味に合う中国語を、それぞれ①～④の中から1つ選びなさい。

（**1**）山田さんはあなたと同い年です。
　①山田一样大跟你。
　②山田大一样跟你。
　③山田跟你一样大。
　④山田跟你大一样。

（**2**）私は毎日地下鉄で通勤しています。
　①我坐地铁每天上班。
　②我每天坐地铁上班。
　③我地铁坐每天上班。
　④我每天地铁坐上班。

（**3**）今日は１時間半英語を勉強しました。
　①我今天学英语一个小时半了。
　②我今天学了一个小时半英语。
　③今天我学一个半小时英语了。
　④今天我学了一个半小时英语。

（**4**）彼女は中国料理を作るのが上手です。
　①她中国菜做得很好做。
　②她做中国菜做得很好。
　③她做得很好做中国菜。
　④她做得中国菜做很好。

（**5**）母は父に酒を飲ませません。
　①妈妈不让爸爸喝酒。
　②妈妈让爸爸不喝酒。
　③爸爸不让妈妈喝酒。
　④爸爸让妈妈不喝酒。

解答と解説

(1) 正解文 山田跟你一样大。

解説 比較文の1つ。文型さえ覚えれば瞬間に選択できる。「跟/和＋比較対象＋一样＋形容詞」で「～と同じぐらいに…」の意味を表す。よって③の「跟＋你＋一样＋大」が正解。

Answer ③

(2) 正解文 我每天坐地铁上班。

解説 「地下鉄で通勤する」は1つのフレーズで、いわば1つの固まり。中にほかの言葉を入れればらばらにはできない。これに対応する中国語「坐地铁上班」も同じ。①③は違反したので、不正解。④「地铁坐」は、日本語の語順になっている。

Answer ②

(3) 正解文 今天我学了一个半小时英语。

解説 通常、時間の量や動作の量は動詞の後ろ、目的語の前に置く。この場合、「了」は必ず動詞の直後にくる。このルールに合っているのは②と④だけ。②「一个小时半」は正しくない。日本語の「1時間半」は、中国語では「一个半小时」となる。

Answer ④

(4) 正解文 她做中国菜做得很好。

解説 文型「動詞＋目的語＋同じ動詞＋得＋形容詞」は初級中国語から中級への第一歩。日本語で1つの動詞なのに、中国語ではその動詞を2回使うのは面白い。1回目の動詞は「何をするか」、2回目は「する結果はどうか」を説明すると覚えよう。1回目の動詞が省略されるときもある。選択肢でこの文型に合うのは②だけ。

Answer ②

(5) 正解文 妈妈不让爸爸喝酒。

解説 「让」は使役の「…せる、…させる」の意味。「父に飲ませない」は「不让爸爸喝」になる。よって正解は①。②も中国語として成り立つが、意味は少し異なり、「母は父に酒を飲まないよう言いつけた」になる。「不」の位置が決め手となる。

Answer ①

4級 中文選択

103

4級 第4章
中文選択

（6）午後この映画を見に行きましょう。
  - ①下午我们去这个电影看吧！
    ②下午我们去看这个电影吧！
    ③我们看这个电影去下午吧！
    ④我们去看下午这个电影吧！

（7）彼のカメラが盗まれてしまいました。
  - ①照相机被他偷走了。
    ②他的照相机被偷走了。
    ③他的照相机偷被走了。
    ④他被照相机偷走了。

（8）学校に新しい先生が一人来ました。
  - ①学校来了一位新老师。
    ②学校一个新老师来了。
    ③新老师学校一位来了。
    ④新老师来了一位学校。

（9）この店の商品はなんて安いのでしょう。
  - ①这商店多么便宜东西啊！
    ②这商店便宜东西多么啊！
    ③这商店多么东西便宜啊！
    ④这商店东西多么便宜啊！

（10）外は強い雨が降っています。
  - ①大雨在外面下呢。
    ②在外面大雨下呢。
    ③外面在下大雨呢。
    ④外面大雨在下呢。

解答と解説

(6) 正解文 下午我们去看这个电影吧！

解説　「何をしに行く/来る」の用例の1つ。中国語の文型は「去/来＋目的(動詞＋目的語)」の順になり、「去/来」が先にくる。この点だけ見ると①②④は共に合っているが、①の「看」と④の「下午」は、語順違いで不正解。

Answer ②

(7) 正解文 他的照相机被偷走了。

解説　受身問題は試験に必ず出る。2つの形を覚えよう。単に「〜される」は、中国語では「被＋動詞」となるが、「誰々に〜される」は「被＋実行者＋動詞」となる。この問題では「実行者」が登場していないので、「被＋動詞」の形でよい。よって正解は②。③は「被」が動詞の後ろにきているので間違い。

Answer ②

(8) 正解文 学校来了一位新老师。

解説　人や物の存在・出現・消失を表す場合、中国語では「存現文」を使う。この存現文は基本文法として覚えておく必要がある。文型は「場所＋動詞＋人や物」となる。選択肢でこの順になるのは①だけ。

Answer ①

(9) 正解文 这商店东西多么便宜啊！

解説　「多么」は感動の語気を表す副詞で、必ず形容詞の前に置く。このルールに合うのは①④だが、①は「东西」の語順が間違っている。

Answer ④

(10) 正解文 外面在下大雨呢。

解説　この問題のポイントは「在」の使い方。「在」にはいくつかの意味があるが、ここではまず2つをしっかり覚えよう。1つは場所を表す名詞の前に置く「在」。これは介詞で、「〜で、〜に」の意味。もう1つは動詞の前に置く「在」。これは助詞で、「〜している」の意味。出題文を見ると「〜で、〜に」ではなく、「〜している」のパターン。この「在」は助詞で、動詞の前に置くべきことが分かる。③④が候補になるが、③の「下大雨」の語順が正しい。

Answer ③

4級 中文選択

単語 4級レベル

名詞②

节日	jiérì	祝祭日
经济	jīngjì	経済
经理	jīnglǐ	経営者、支配人
经验	jīngyàn	経験
警察	jǐngchá	警察
今天	jīntiān	今日
开始	kāishǐ	開始
开水	kāishuǐ	湯、熱湯
科学	kēxué	科学
课	kè	授業、レッスン
课文	kèwén	教科書の本文
客人	kèren	客
空	kòng	ひま
快餐	kuàicān	ファストフード
困难	kùnnán	困難
姥姥	lǎolao	（母方の）祖母
老爷	lǎoye	（母方の）祖父
里	lǐ	～の中
礼堂	lǐtáng	講堂
理想	lǐxiǎng	理想
理由	lǐyóu	理由
力量	lìliang	力、能力
历史	lìshǐ	歴史
利用	lìyòng	利用
脸	liǎn	顔
礼物	lǐwù	プレゼント
楼	lóu	（2階建て以上の）建物、～階
楼上	lóushàng	階上
楼下	lóuxià	階下
马	mǎ	馬
猫	māo	猫
贸易	màoyì	貿易
门口	ménkǒu	玄関
梦	mèng	夢
面条	miàntiáo	麺類、うどん
明星	míngxīng	スター
木头	mùtou	木材
南边	nánbiān	南、南側
脑袋	nǎodài	頭
脑子	nǎozi	脳

牛	niú	牛
农民	nóngmín	農民
农村	nóngcūn	農村
汽水	qìshuǐ	炭酸水
墙	qiáng	塀、壁
桥	qiáo	橋
青年	qīngnián	青年、若者
球	qiú	ボール
人口	rénkǒu	人口
人们	rénmen	人々
人民	rénmín	人民
认识	rènshi	認識
日记	rìjì	日記
日用品	rìyòngpǐn	日用品
日文	rìwén	日本語
日子	rìzi	日にち、暮らし
肉	ròu	肉
嗓子	sǎngzi	喉
色彩	sècǎi	色合い
勺子	sháozi	スプーン
上衣	shàngyī	ジャケット
生词	shēngcí	新出単語
生活	shēnghuó	生活、暮らし
师傅	shīfu	師匠、～さん
时候	shíhou	時刻
食堂	shítáng	食堂
石头	shítou	石
事	shì	事
世界	shìjiè	世界
试验	shìyàn	試み
首都	shǒudū	首都
手套	shǒutào	手袋
手续	shǒuxù	手続き
收音机	shōuyīnjī	ラジオ
书包	shūbāo	かばん
书店	shūdiàn	書店、本屋
书架	shūjià	本棚
暑假	shǔjià	夏休
树	shù	樹木
司机	sījī	運転手
岁数	suìshu	年齢

[第5章]

4級

語順整序

選択肢を並べ替えて、正しい中国語文を作る問題です。文の成分や構文ごとに、よく出るものをまとめて学習できるようになっています。文の構造を理解して、正確な語順を押さえておきましょう。

筆 記

CHUKEN
4TH GRADE

4級　第5章

語順整序

介詞

次の文の語順を入れ替えると、[　]に入る語は何になりますか。①〜④の中から選びなさい。

(1) 兄は私より2歳年上です。

☐ 哥哥 _____ [_____] _____ _____ 。
①我　　②两岁　　③比　　④大

(2) 私は毎朝公園を散歩します。

☐ 我 _____ _____ [_____] _____ 。
①在　　②每天早上　　③散步　　④公园里

(3) 私たちは張先生に中国語を教わっています。

☐ 我们 _____ [_____] _____ _____ 。
①汉语　　②学　　③张老师　　④跟

(4) 家族と相談してみます。

☐ 我 _____ _____ _____ [_____] 。
①和　　②一下　　③商量　　④家人

(5) 息子にパソコンを買ってあげました。

☐ 我 _____ [_____] _____ _____ 。
①给　　②一台电脑　　③买了　　④儿子

解答と解説

(1) 中国語 哥哥比[我]大两岁。

解説　「AはBより〜だ」は「A比B＋形容詞」。比較した差の量は形容詞の後に置く。

Answer **①**

(2) 中国語 我每天早上在[公园里]散步。

解説　時間と場所を表す語は動詞の前に置く。通常は「時間語＋場所語＋動詞」の順になる。場所語の前には「在」を使うことが多い。

Answer **④**

(3) 中国語 我们跟[张老师]学汉语。

解説　「跟〜」は介詞フレーズ（状況語）として動詞の前に置く。目的語「汉语」は動詞の後に置く。

Answer **③**

(4) 中国語 我和家人商量[一下]。

解説　「和〜」は介詞フレーズ（状況語）として動詞の前に置く。動作の量を表す語は動詞の後に置く。

Answer **②**

(5) 中国語 我给[儿子]买了一台电脑。

解説　「给〜」は介詞フレーズ（状況語）で、動詞句の前に置く。目的語「一台电脑」は動詞の後に置く。

Answer **④**

4級　語順整序

語順整序

4級 第5章

時間量・動作量

次の文の語順を入れ替えると、[ ]に入る語は何になりますか。①〜④の中から選びなさい。

(1) 昨日は1日家で休みました。

☑ 昨天我 _____ _____ [_____] _____ 。
①休息　　②在家　　③一天　　④了

(2) 彼はテレビを2時間見ました。

☑ 他 _____ [_____] _____ 的 _____ 。
①两个小时　②了　　③看　　④电视

(3) 中国語を勉強して3年になります。

☑ 我 _____ [_____] _____ _____ 。
①学了　　②学汉语　　③了　　④三年

(4) あの映画は3回見ました。

☑ 那部电影 _____ _____ _____ [_____]。
①三遍　　②我　　③了　　④看

(5) 私は彼女に1度しか会ったことがありません。

☑ 我 _____ _____ [_____] _____ 。
①见过　　②只　　③一次　　④她

110

解答と解説

(1) [中国語] 昨天我在家休息[了]一天。

　解　説　場所語「在家」は動詞の前に置く。動作の量を表す語「一天」は動詞の後に置く。目的語に数量詞がついている場合、「了」は動詞の直後に置かれる。

④ Answer

(2) [中国語] 他看[了]两个小时的电视。

　解　説　動詞「看」に目的語「两个小时的电视」がついている形。「两个小时」は「的」を伴うことで名詞「电视」を修飾している。目的語に数量詞がついている場合、「了」は動詞の直後に置かれる。

② Answer

(3) [中国語] 我学汉语[学了]三年了。

　解　説　中国語には、同じ動詞（ここでは「学」）を 2 回使う文型がある。「主語（我）＋動詞（学）＋目的語（汉语）」は、文の主幹。後半は同じ動詞（学）を使って主幹の動作をさらに補足説明し、「動詞（学）＋了＋量（＝年）＋了」となっている。

① Answer

(4) [中国語] 那部电影我看了[三遍]。

　解　説　動詞の量を表す語「三遍」は動詞の後に置く。目的語に数量詞がついている場合、「了」は動詞の直後に置く。

① Answer

(5) [中国語] 我只见过[她]一次。

　解　説　時間や動作の量は通常、動詞と目的語の間に置かれるが、目的語が代名詞の場合、数量詞は目的語の後に置く。副詞「只」は動詞の前に置く。

④ Answer

4級　語順整序

111

語順整序

4級　第5章

連動文・兼語文

次の文の語順を入れ替えると、[　]に入る語は何になりますか。①～④の中から選びなさい。

（1） 我が家へ食事にいらっしゃい。

☐　你 _____ [_____] _____ _____ 。
　　①吃饭　　　②吧　　　　③我家　　　　④来

（2） 私はよく娘を連れてお芝居に行きます。

☐　我 _____ _____ [_____] _____ 。
　　①带着女儿　②看戏　　　③去　　　　　④常常

（3） お昼をごちそうしましょう。

☐　我 _____ [_____] _____ _____ 。
　　①你　　　　②请　　　　③午饭　　　　④吃

（4） 両親はコンピューターゲームをやらせてくれません。

☐　父母 [_____] _____ _____ _____ 。
　　①让　　　　②我　　　　③玩儿电脑游戏　④不

（5） 先生の話を聞いて、私は非常に感動しました。

☐　老师的话 _____ [_____] _____ _____ 。
　　①感动　　　②使　　　　③非常　　　　④我

解答と解説

(1) [中国語] 你来[我家]吃饭吧。

解説 いくつかの動作が続いて行われる場合、語順は動作の行われる順に並べていく。「我家」は動詞「来」の目的語なので、動詞の後に置く。動作の行われる順で語を並べるので、「来+我家（我が家へ来て）→吃饭（食事する）」となる。

Answer ③

(2) [中国語] 我常常带着女儿[去]看戏。

解説 「带着女儿（娘を連れて）→去+看戏（お芝居に行く）」の順。副詞「常常」は動詞句の前に置く。

Answer ③

(3) [中国語] 我请[你]吃午饭。

解説 前の動詞の目的語が同時に後ろの動詞の主語を兼ねている文を兼語文と言う。ここでは「你」が前の動詞句「请」の目的語と後ろの動詞句「吃午饭」の主語を兼ねている。

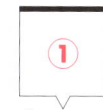

Answer ①

(4) [中国語] 父母[不]让我玩儿电脑游戏。

解説 「我」が動詞「让」の目的語と「玩儿电脑游戏」の主語を兼ねている。「～させない」と言う場合は、否定「不」を「让」の前に置く。

Answer ④

(5) [中国語] 老师的话使[我]非常感动。

解説 「我」が動詞「使」の目的語と「感动」の主語を兼ねている。状況語「非常」は動詞句「感动」の前に置く。

Answer ④

4級 語順整序

4級 第5章
語順整序

比較文

次の文の語順を入れ替えると、[ ]に入る語は何になりますか。①～④の中から選びなさい。

（1）この機種のプリンターはあの機種より少し高い。
　☐ 这种打印机 ＿＿＿＿ ［＿＿＿＿］ ＿＿＿＿ ＿＿＿＿。
　　①比　　　　②贵　　　　③一点儿　　④那种

（2）太陽は地球よりずっと大きい。
　☐ 太阳 ＿＿＿＿ ＿＿＿＿ ＿＿＿＿ ［＿＿＿＿］。
　　①得多　　　②地球　　　③比　　　　④大

（3）私は彼ほど優秀ではありません。
　☐ 我 ＿＿＿＿ ＿＿＿＿ ［＿＿＿＿］ ＿＿＿＿。
　　①他　　　　②优秀　　　③那么　　　④没有

（4）李君はうちの息子よりもっと年下です。
　☐ 小李 ＿＿＿＿ ［＿＿＿＿］ ＿＿＿＿ ＿＿＿＿。
　　①我儿子　　②还　　　　③小　　　　④比

（5）今日は昨日と同じくらい寒い。
　☐ 今天 ＿＿＿＿ ＿＿＿＿ ［＿＿＿＿］ ＿＿＿＿。
　　①一样　　　②昨天　　　③跟　　　　④冷

114

解答と解説

(1) 中国語 这种打印机比[那种]贵一点儿。
解説 「AはBより～だ」は「A比B＋形容詞」。比較した差の量は形容詞の後に置く。

Answer ④

(2) 中国語 太阳比地球大[得多]。
解説 比較した差が、大きい場合は「得多」か「多了」を、小さい場合は「一点儿」を使う。

Answer ①

(3) 中国語 我没有他[那么]优秀。
解説 「AはBほど～ではない」は「A没有B＋(那么)＋形容詞」で表す。

Answer ③

(4) 中国語 小李比[我儿子]还小。
解説 「もっと」の表現は、形容詞の前に「还」や「更」など比較を表す副詞を使う。「很」や「非常」のような副詞は、比較文には使えないので注意。

Answer ①

(5) 中国語 今天跟昨天[一样]冷。
解説 「AはBと同じ」は「A跟B一样」、「AはBと違う」は「A跟B不一样」になる。また、「AはBとほとんど同じ」は、「A跟B差不多」で表す。

Answer ①

4級　第5章
語順整序
「把」構文

次の文の語順を入れ替えると、[　]に入る語は何になりますか。①〜④の中から選びなさい。

（**1**）私は日記帳を学生かばんにしまいました。

　　我 _____ _____ [_____] _____ 。
　　①日记本　　②把　　③书包里　　④放进

（**2**）その雑誌を取ってくれませんか。

　　请 _____ [_____] _____ _____ ？
　　①递给　　②那本杂志　　③把　　④我

（**3**）携帯電話を家に忘れてきてしまいました。

　　我 _____ _____ [_____] _____ 。
　　①手机　　②家里　　③忘在了　　④把

（**4**）彼は人のことなど眼中にありません。

　　他 _____ [_____] _____ 。
　　①别人　　②放在眼里　　③把　　④不

（**5**）あなたならきっとこの仕事をうまくやれますよ。

　　你一定 [_____] _____ _____ _____ 。
　　①做得很好　　②把　　③这个工作　　④能

解答と解説

（1） [中国語] 我把日记本[放进]书包里。

解説 「把」構文では、ある対象に動作を加え、その結果を説明する。「主語＋動詞＋目的語」の語順ではなく、「主語＋把＋目的語（動作の対象）＋動詞＋動作の結果などを表す語」で表す。

Answer ④

（2） [中国語] 请把[那本杂志]递给我？

解説 「把」構文の動詞は、修飾語や目的語、補語、助詞などを伴わなければならない。間接目的語もその1つ。

Answer ②

（3） [中国語] 我把手机[忘在了]家里。

解説 「忘＋在」の形で、物をどこに置き忘れたかを表す。

Answer ③

（4） [中国語] 他不[把]别人放在眼里。

解説 否定の「不」「没」や禁止の「别」「不要」は必ず「把」の前に置く。

Answer ③

（5） [中国語] 你一定[能]把这个工作做得很好。

解説 副詞や助動詞は通常、「把」の前に置く。「做得很好」の代わりに「做好」も使えるが「做得很好」のほうが、より強調した言い方になる。

Answer ④

4級 語順整序

語順整序

4級 第5章

その他

次の文の語順を入れ替えると、[ ]に入る語は何になりますか。①～④の中から選びなさい。

(1) 今日の新聞を見ましたか。

今天的报纸 _____ _____ _____ [_____]?

①没有　　②了　　③你　　④看

(2) 急に雨が降ってきました。

突然 [_____] _____ _____ _____ 。

①下　　②雨　　③来了　　④起

(3) 友達がグッドニュースを教えてくれました。

我的朋友 _____ _____ _____ [_____]。

①告诉　　②一个　　③我　　④好消息

(4) このことはまったく知りませんでした。

这件事 _____ _____ [_____] _____ 。

①不知道　　②一点儿　　③我　　④都

(5) 彼は子供のように喜びました。

他 _____ [_____] _____ _____ 。

①一样　　②孩子　　③高兴　　④像

解答と解説

(1) [中国語] 今天的报纸你看了[没有]？
　解説　肯定形の後に否定形の「没有」を続けることで疑問形を作ることができる。

Answer ①

(2) [中国語] 突然[下]起雨来了。
　解説　「起来」は動詞の後ろにつける方向補語。ここでは「始まる」の意味。目的語は「起」と「来」の間に挟む。

Answer ①

(3) [中国語] 我的朋友告诉我一个[好消息]。
　解説　二重目的語をとる場合、「主語＋動詞＋間接目的語（与える相手）＋直接目的語（与えるもの）」の語順になる。

Answer ④

(4) [中国語] 这件事我一点儿[都]不知道。
　解説　例外がないことを表す文は「一＋量詞＋都/也＋述語句」。

Answer ④

(5) [中国語] 他像[孩子]一样高兴。
　解説　「～のように」は「像～一样＋形容詞」で表す。「好像～一样」という言い方もある。

Answer ②

4級 語順整序

語順整序

その他

(6) もし嫌ならやめなさい。

要是 _____ [_____] _____ _____ 。
①不喜欢　　②就　　　　③做　　　　④不要

(7) 中国語は難しいけれど、面白い。

汉语 _____ _____ , [_____] _____ 。
①很有意思　②很难　　　③但是　　　④虽然

(8) 食事をしてから薬を飲みなさい。

你 _____ _____ [_____] _____ 。
①吃饭　　　②吃药　　　③再　　　　④先

(9) 彼は中国語が一言も話せません。

他 _____ _____ _____ [_____]。
①不会说　　②一句汉语　③也　　　　④连

(10) やりたいことをやりなさい。

你 _____ 做什么 [_____] _____ _____ 。
①做　　　　②什么　　　③就　　　　④想

解 答 と 解 説

(6) 中国語 要是不喜欢[就]不要做。
解説 「要是A就B」は「もしAならばBになる」の決まった表現。

Answer ②

(7) 中国語 汉语虽然很难，[但是]很有意思。
解説 「虽然A、但是B」は「Aではあるが、しかしBである」の意味。「但是」は「可是」「不过」「但是」などに言い換えることができる。

Answer ③

(8) 中国語 你先吃饭[再]吃药。
解説 「まずAをして、それからBをする」は「先A再B」で表す。

Answer ③

(9) 中国語 他连一句汉语也[不会说]。
解説 極端な事物を取り上げて、ある事柄を強調する文。強調される事物は「连」と「也」の間に挟まれる。

Answer ①

(10) 中国語 你想做什么[就]做什么。
解説 前後2つの「什么」を呼応させ、後者の内容が前者によって決定されることを表す。

Answer ③

4級 語順整序

単語 4級レベル

名詞③

中文	ピンイン	日本語
宿舍	sùshè	寮、宿舎
态度	tàidu	振る舞い、態度
太阳	tàiyáng	太陽
太太	tàitai	奥さん
汤	tāng	スープ
体育	tǐyù	体育
天	tiān	空、一日
头发	tóufa	頭髪、髪の毛
图像	túxiàng	絵、画像
土地	tǔdì	土地
袜子	wàzi	靴下
文化	wénhuà	文化
文学	wénxué	文学
文章	wénzhāng	文章
文字	wénzì	文字
屋子	wūzi	部屋
西红柿	xīhóngshì	トマト
希望	xīwàng	希望
西瓜	xīguā	すいか
习惯	xíguàn	習慣
现代	xiàndài	現代
香蕉	xiāngjiāo	バナナ
乡下	xiāngxia	田舎
箱子	xiāngzi	箱、ケース
消息	xiāoxi	ニュース、知らせ
小孩儿	xiǎoháir	子供
小说	xiǎoshuō	小説
西边	xībiān	西、西側
心	xīn	心
新闻	xīnwén	ニュース
兄弟	xiōngdì	兄弟
熊猫	xióngmāo	パンダ
学期	xuéqī	学期
烟	yān	たばこ
样子	yàngzi	様子
羊	yáng	羊
眼镜	yǎnjìng	眼鏡
眼泪	yǎnlèi	涙
夜里	yèli	夜
意见	yìjiàn	見方、考え方
意思	yìsi	意味
油	yóu	油
游泳池	yóuyǒngchí	プール
院子	yuànzi	庭
月亮	yuèliang	月（天体）
雨伞	yǔsǎn	傘
云	yún	雲
运动	yùndòng	運動
早上	zǎoshang	朝
丈夫	zhàngfu	夫
照片	zhàopiān	写真
植物	zhíwù	植物
职业	zhíyè	職業
钟头	zhōngtóu	時間
猪	zhū	豚
主意	zhǔyì	意見、考え
专业	zhuānyè	専攻学科
准备	zhǔnbèi	準備
字	zì	字
字典	zìdiǎn	字典

[第6章] 4級 長文読解

中国語の長文を読み、空欄を埋めたり、内容と一致するものしないものを選んだりしていく問題です。長文の文意を把握する力が求められます。日本語訳を読む前に自分で和訳して文意を把握するコツをつかんでおきましょう。

筆 記

CHUKEN
4TH GRADE

4級 第6章
長文読解

問題 1

次の文章を読んで、(1)～(6)の答えとして正しいものを①～④の中から、それぞれ1つ選びなさい。

　我是日本留学生，现在住在大学的留学生宿舍。我们宿舍是一座十二层楼房，一共有一百五十个房间。所有的房间都是双人房，每个房间里都有两张床、两张书桌、两把椅子和一（　(1)　）彩电。每层设有公共厨房，可以自己做饭，也可以去食堂吃。宿舍（　(2)　）市区比较近，坐公共汽车半个小时（　(3)　）到，很方便。这里住着来自世界各地的留学生，我的同屋是韩国人。(4)虽然他比我小四岁，但是他的汉语比我好得多。我常常（　(5)　）他用汉语聊天儿。我们住在五楼502房间。

(1) 空欄(1)を埋めるのに適当なものは、次のどれか。
　　①架
　　②座
　　③台
　　④部

(2) 空欄(2)を埋めるのに適当なものは、次のどれか。
　　①离
　　②往
　　③向
　　④从

（3）空欄（3）を埋めるのに適当なものは、次のどれか。

　　☐　①已
　　　　②刚
　　　　③就
　　　　④才

（4）下線部（4）の意味としてふさわしいものは、次のどれか。

　　☐　①彼は私より4歳年下で、私は彼よりはるかに中国語がうまい。
　　　　②彼は私より4歳年下だが、中国語は私よりはるかにうまい。
　　　　③私は彼より4歳年下で、彼は私よりはるかに中国語がうまい。
　　　　④私は彼より4歳年下だが、中国語は彼よりはるかにうまい。

（5）空欄（5）を埋めるのに適当なものは、次のどれか。

　　☐　①给
　　　　②跟
　　　　③为
　　　　④对

（6）本文の内容に合うものは、次のどれか。

　　☐　①我现在一个人住。
　　　　②我的汉语水平没有同屋高。
　　　　③我得去食堂吃饭。
　　　　④我们宿舍有单人房。

解答と解説

全 訳 私は日本人留学生です。現在、大学の留学生寮に住んでいます。私たちの寮は12階建てで、部屋数は全部で150室あります。全室2人部屋で、どの部屋にもベッドと勉強机が2台ずつ、椅子2脚、テレビ1台が備えられています。各階に共同のキッチンがあるので自炊もできますし、食堂に食べにいくこともできます。寮は市街地からわりと近く、バスで30分もあれば行けるので便利です。ここには世界各国からの留学生が住んでおり、私のルームメイトは韓国人です。彼は私より4歳年下ですが、中国語は私よりずっと上手です。私はよく彼と中国語で雑談をします。私たちは5階の502号室に住んでいます。

(1) 解説 機械や設備などを数える量詞は「台」を使う。

Answer ③

(2) 解説 2区間の遠近を表す場合は「离」を用いる。ここでは「宿舎(寮)」と「市区(市街地)」の間のこと。

Answer ①

(3) 解説 「就」は「すぐに」の意味。時間が遅いことを表す場合は「才(やっと)」を使う。

Answer ③

(4) 解説 「虽然A、但是B」は「Aである、しかしBだ」の意味。意外な事実を述べるときの表し方。

Answer ②

(5) 解説 「おしゃべりする」は「跟~聊天儿」。

Answer ②

(6) 解説 正解は②の「我的汉语水平没有同屋高(私の中国語のレベルはルームメイトほどではない)」。①は「私は今ひとり暮らしをしている」、③は「私は食事をするのに食堂まで行かなければならない」、④は「私たちの寮には1人部屋がある」で、どれも本文の内容と一致しない。

Answer ②

4級　第6章
長文読解

問題 2

次の文章を読んで、(1)～(6)の答えとして正しいものを①～④の中から、それぞれ1つ選びなさい。

　昨天我和几个同学（　(1)　）去动物园玩儿。我们（　(2)　）坐地铁，到终点站下车，（　(2)　）坐公共汽车到动物园。那家动物园非常大，里边饲养着各种各样的动物，比如说熊猫、大象、老虎、猴子等等。我很喜欢熊猫，（　(3)　）我们首先去熊猫馆。那儿有三只熊猫，一只(4)在睡觉，另一只在吃竹子。还有一只很活泼，在树上爬上爬下，可爱（　(5)　）了！我们看了半个小时后，再去看其它动物。在傍晚离开动物园的时候，我买了一只熊猫娃娃留作纪念。

(**1**) 空欄（1）を埋めるのに適当なものは、次のどれか。

　☐　①一共
　　　②一起
　　　③一定
　　　④一直

(**2**) 空欄（2）を埋めるのに適当なものは、次のどれか。

　☐　①等…就
　　　②先…就
　　　③等…再
　　　④先…再

（3）空欄（3）を埋めるのに適当なものは、次のどれか。

　☐　①可是
　　　②因为
　　　③所以
　　　④不过

（4）下線部（4）と品詞が同じものは、次のどれか。

　☐　①你的钱包在这儿。
　　　②爸爸在银行工作。
　　　③妹妹在打电话呢。
　　　④弟弟坐在椅子上。

（5）空欄（5）を埋めるのに適当なものは、次のどれか。

　☐　①够
　　　②好
　　　③多
　　　④极

（6）本文の内容に合うものは、次のどれか。

　☐　①我们换了一次车。
　　　②我给朋友买了一只布娃娃。
　　　③我们在动物园玩儿了半个小时。
　　　④我们只看到熊猫。

解 答 と 解 説

全訳 昨日、クラスメートの何人かと動物園へ遊びに行きました。まず地下鉄に乗って終点まで行き、そこからさらにバスに乗って動物園へ行きました。動物園は非常に大きく、パンダや象、虎、猿など、さまざまな動物が飼育されています。私が大のパンダ好きなので、私たちは真っ先にパンダ舎に行きました。パンダは3頭いて、1頭は睡眠中、別の1頭は笹を食べているところでした。もう1頭は元気で、木を登ったり下りたりしていて、なんともかわいかったです。私たちは30分ほど眺めてから他の動物を見にいきました。夕方、動物園を出るとき、私は記念にパンダのぬいぐるみを1つ買いました。

(1) 解説 「一緒に」は「一起」。「一块」とも言う。「一共」は「全部合わせて」、「一定」は「きっと」、「一直」は「ずっと」の意味。

Answer ②

(2) 解説 「まずAをして次にBをする」は「先A再B」で表す。

Answer ④

(3) 解説 理由に対する結果を述べるときは、「所以（だから）」を使う。「可是/不过（しかし）」は逆接、「因为（なぜならば）」は原因を述べるときに使う接続詞。

Answer ③

(4) 解説 正解は③「妹妹在打电话呢（妹は電話中です）」。この「在」は副詞で、動作が進行中であることを表す。①は「ある、いる」という意味の動詞、②は場所を導く介詞、④は様態助詞で、「〜している」を表す。①②④の日本語訳はそれぞれ、「あなたの財布はここにありますよ」「父は銀行で働いています」「弟は椅子に腰掛けています」となる。

Answer ③

(5) 解説 「形容詞/動詞＋极了」の形で、程度が最高であることを示す。「とても、じつに」の意味。

Answer ④

(6) 解説 「私」は自分のためにぬいぐるみを買ったので、②は誤り。30分間パンダを見てから、次に別の動物を見に行ったので、③④も誤り。よって、正解は①となる。

Answer ①

4級 第6章
長文読解

問題 3

次の文章を読んで、(1)～(6)の答えとして正しいものを①～④の中から、それぞれ1つ選びなさい。

　　上星期五是我儿子的生日，我们在家里给他过生日。我儿子叫壮壮，今年五岁了。那天我给他做一个很大的生日蛋糕，丈夫也给他带（　(1)　）一件礼物。晚上把生日蛋糕放在桌子上，上面插上五根蜡烛。蜡烛点好了，壮壮就噘起嘴巴准备吹。我告诉他等唱完生日歌之后，才可以吹的。然后我们(2)<u>一边</u>拍手一边唱生日歌。我们一唱完，壮壮就深吸一（　(3)　）气，吹灭了全部的蜡烛。接着丈夫把礼物交（　(4)　）壮壮。壮壮打开包装，是一辆他很喜欢的玩具车。他（　(5)　）看（　(5)　）高兴得跳了起来。

（1） 空欄（1）を埋める適当なものは、次のどれか。
　①上去
　②起来
　③回来
　④出去

（2） 下線部（2）の「一边」と置き換えられるものは、次のどれか。
　①一点儿
　②一面
　③一块儿
　④一下

（**3**）空欄（3）を埋めるのに適当なものは、次のどれか。

   ☒ ①下
       ②顿
       ③回
       ④口

（**4**）空欄（4）を埋めるのに適当なものは、次のどれか。

   ☒ ①到
       ②在
       ③给
       ④住

（**5**）空欄（5）を埋めるのに適当なものは、次のどれか。

   ☒ ①一…就
       ②连…带
       ③又…又
       ④越…越

（**6**）本文の内容に合うものは、次のどれか。

   ☒ ①壮壮怕火。
       ②壮壮喜欢爸爸的礼物。
       ③壮壮的生日快到了。
       ④壮壮不听妈妈的话。

解答と解説

全訳 先週の金曜日は息子の誕生日で、わが家で誕生日のお祝いをしました。息子は壮壮といい、今年で5歳になります。当日、私は息子のために大きなバースデーケーキを作り、夫はプレゼントを買って帰ってきました。夜、バースデーケーキを机に置き、ろうそくを5本立てました。ろうそくの火がともると、壮壮は口をとがらせて吹き消そうとします。私は「火を消すのはお誕生日の歌を歌ってからよ」と注意しました。それから私たちは手をたたきながら誕生日の歌を歌い、歌が終わるや、壮壮は大きく息を吸い込み、ろうそくの火を全部吹き消しました。その後、夫は壮壮にプレゼントを渡し、壮壮が包みを開けてみると、中には壮壮の大好きなおもちゃの車が入っていました。壮壮はそれを見て跳び上がって喜びました。

(1) 解説 いずれも方向補語で、「〜上去」は「上っていく」、「〜起来」は「〜し始める」、「〜回来」は「戻ってくる」、「〜出去」は「出て行く」を表す。

Answer ③

(2) 解説 「AしながらBする」は「一边A一边B」または「一面A一面B」で表す。

Answer ②

(3) 解説 量詞「口」は、家族などの人数を表す他、口の動作の回数を表す。

Answer ④

(4) 解説 「把」構文では、動詞の後に補語や間接目的語などを伴う。「给」は受益者やものの与え先を導く。

Answer ③

(5) 解説 「AするとすぐにBする」は「一A就B」で表す。

Answer ①

(6) 解説 正解は②「壮壮喜欢爸爸的礼物（壮壮はお父さんのプレゼントを気に入った）」。①は「壮壮は火を怖がった」、③は「もうすぐ壮壮の誕生日だ」、④は「壮壮はお母さんの言うことを聞かなかった」で、内容と一致しない。

Answer ②

[第7章]

4級

日文中訳

日本語を中国語に訳す問題です。単文で書ける文が出題されるので、単語や文の成分をきちんと把握しておきましょう。また、簡体字も正確に書けるようにしておきましょう。

筆 記

CHUKEN
4TH GRADE

4級 第7章

日文中訳

（1）～（14）の日本語を中国語に訳し、漢字（簡単字）で書きなさい。
（漢字は崩したり略したりせず書くこと）

（**1**）風呂に入る

☐

（**2**）電話に出る

☐

（**3**）傘をさす

☐

（**4**）12時5分前

☐

（**5**）はじめまして。

☐

（**6**）私の家は銀行の隣にあります。

☐

（**7**）私たちは買い物に行きます。

☐

> 188～191ページに「簡体字ドリル」を収録しています。間違えやすい簡体字を何度も練習しましょう

解 答 と 解 説

(1) [中国語] 洗澡（xǐzǎo）

解説　動詞「洗」は、「洗温泉（温泉に入る）」「洗桑拿浴（サウナに入る）」「洗淋浴（シャワーを浴びる）」などにも使える。

(2) [中国語] 接电话（jiē diànhuà）

解説　電話の関連表現として、「打电话（電話をかける）」「没人接（誰も出ない）」「电话打不通（電話が通じない）」「占线（話し中）」なども覚えておこう。

(3) [中国語] 打伞（dǎ sǎn）

解説　他にも動詞「打」を使った表現は多く、「打的（タクシーに乗る）」「打架（殴り合いのけんかをする）」「打招呼（挨拶をする）」「打哈欠（あくびをする）」「打扑克（トランプをする）」などがある。

(4) [中国語] 差五分十二点（chà wǔ fēn shíèr diǎn）

解説　「十二点差五分」とも言える。この「差」は「chà」と発音し、「足りない」の意。時間の言い方はよく使うので、下記もあわせて覚えておこう。
9：30　「九点三十分」「九点半」
4：07　「四点零七分」（「零」は日本語の「飛んで」に当たる）
5：15　「五点十五分」「五点一刻」（「刻」は15分を単位とする言い方）
2：45　「两点四十五分」「两点三刻」（「2時」は「二点」ではなく「两点」と言うので注意）

(5) [中国語] 初次见面。（chūcì jiànmiàn）

解説　初対面の挨拶表現には、他に「见到您，我很高兴（お目にかかれてうれしいです）」「久仰您的大名（お名前はかねがねうかがっておりました）」などがある。日本人がよく口にする「よろしくお願いします」の訳語として「请多多关照」もあるが、中国人同士ではあまり使われない。

(6) [中国語] 我家在银行旁边。（wǒ jiā zài yínháng pángbiān）

解説　この「在」は動詞。文全体は「A（人/もの）＋在＋B（場所）」という構造で、「AがBにいる/ある」の意味である。動詞「在」の語順をしっかり覚えておこう。

(7) [中国語] 我们去买东西。（wǒmen qù mǎi dōngxi）

解説　連動文の練習。日本語は「買い物に行く」でも、中国語では「行って買い物をする」というように、語順が動作順になることを確認しておこう。

4級 第7章
日文中訳

（8）あなたは彼に感謝すべきです。

（9）あなたは中国映画を見たことがありますか。

（10）昨日は忙しかったです。

（11）あなたはどうやって来たのですか。

（12）あなたにこの腕時計をあげましょう。

（13）私は毎日3食食べます。

（14）これらはどれも私のものではありません。

解答と解説

(8) 中国語 你应该感谢他。（nǐ yīnggāi gǎnxiè tā）
解説 助動詞は動詞の前に置くということを忘れないように。

(9) 中国語 你看过中国电影吗？（nǐ kànguo zhōngguó diànyǐng ma）
解説 経験を表す助詞「过」の練習。解答は反復疑問文にしてもよい。「过」を使った反復疑問文は、「你看过中国电影没有？」のように、肯定文の終わりに「没有」をつけるか、「你看没看过中国电影？」と、肯定文の「動詞+过」の部分を「動詞+没+動詞+过」にする。

(10) 中国語 昨天很忙。（zuótiān hěn máng）
解説 日本語が「忙しかった」と過去について述べているからといって、「了」をつけてはいけない。述語が形容詞、あるいは述語動詞が「是」「有」「在」といった状態を表すものの場合は、過去のことでも通常「了」はつけない。
例「今年夏天很热 (今年の夏は暑かったです)」「上星期四是假日 (この前の木曜日は祝日でした)」

(11) 中国語 你是怎么来的？（nǐ shì zěnme lái de）
解説 「是…的」構文の練習。「是」は省略してもよい。

(12) 中国語 我给你这块手表。（wǒ gěi nǐ zhè kuài shǒubiǎo）
解説 動詞「给」は、「人+物」の２つの目的語を取れる。ここでは「人=你」「物=这块手表」。また、腕時計の量詞は「个」としてもよいが、正しくは「块」であるということも覚えておこう。

(13) 中国語 我每天吃三顿饭。（wǒ měitiān chī sān dùn fàn）
解説 動作量の言い方の練習。動作量・時間量は動詞の後に置くこと。また、食事の回数を表す量詞「顿」を覚えておこう。

(14) 中国語 这些都不是我的。（zhèxiē dōu bú shì wǒ de）
解説 全面否定の言い方を確認しておこう。「これらすべてが私のものというわけではありません」という場合には、「这些不都是我的」と言う。

単語 4級レベル

形容詞・形容動詞

中文	ピンイン	意味
安静	ānjìng	穏やかである、落ち着いている
薄	báo	薄い
饱	bǎo	満腹だ、飽きた
不错	búcuò	なかなかよい、悪くない
不同	bùtóng	異なる
差不多	chàbuduō	ほとんど差がない
沉	chén	重い
聪明	cōngming	賢い
粗	cū	太い
大量	dàliàng	大量の、多量の
饿	è	お腹が空いた
丰富	fēngfù	豊かな、豊富な
干	gān	乾いた、水けのない
贵	guì	(値段が)高い
好好儿	hǎohāor	しっかりした しっかりと
好听	hǎotīng	(聞いて)気持ちがよい、美しい
合适	héshì	ちょうどよい
厚	hòu	厚い
急	jí	急ぎの
健康	jiànkāng	健康な、健全な
结实	jiēshi	丈夫な
紧	jǐn	きつい、張りつめた
紧张	jǐnzhāng	緊張した、張りつめた
近	jìn	近い
久	jiǔ	久しい
开心	kāixīn	愉快である
渴	kě	のどが渇いた
可爱	kě'ài	かわいい
客气	kèqi	丁寧な、遠慮深い
快乐	kuàilè	楽しい、うれしい
宽	kuān	(幅が)広い
困难	kùnnán	困難な、難しい
老	lǎo	年輩の、古い
厉害	lìhai	ひどい、きつい、激しい
了不起	liǎobuqǐ	素晴らしい、ただものではない
流利	liúlì	滑らかな、流暢である
绿	lǜ	緑の
麻烦	máfan	面倒だ、わずらわしい
明白	míngbai	はっきりした
明亮	míngliàng	明るい
男	nán	男の
难看	nánkàn	醜い、みっともない
年轻	niánqīng	若い
女	nǚ	女の
胖	pàng	太った
便宜	piányi	安い
普通	pǔtōng	普通の
浅	qiǎn	浅い
晴	qíng	晴れた
全	quán	すべてそろった
热情	rèqíng	心のこもった
热闹	rènào	にぎやかな
认真	rènzhēn	まじめな
容易	róngyì	容易な、易しい
软	ruǎn	柔らかい
深	shēn	深い
生	shēng	生の、見知らぬ
湿	shī	湿った
瘦	shòu	痩せた
舒服	shūfu	心地よい
熟	shú	火が通っている、熟している
顺利	shùnlì	順調な
随便	suíbiàn	気ままな、適当な
特别	tèbié	特別な、例外的な
疼	téng	痛い
完全	wánquán	完全な
细	xì	細い
辛苦	xīnkǔ	つらい、骨の折れる
幸福	xìngfú	幸福な
一般	yībān	同じだ、普通の
硬	yìng	硬い
有名	yǒumíng	有名な
愉快	yúkuài	愉快な、愉しい
圆	yuán	丸い
远	yuǎn	遠い
窄	zhǎi	狭い
重要	zhòngyào	重要な

[第8章]

4級

リスニング
一問一答

中国語の設問を聞いて、それに対する正しい答えを選択肢から選ぶ問題です。どれも落ち着いて聞けば正確に答えられる問題ばかりなので、CDを利用して、繰り返し聞き取り練習しましょう。

CHUKEN
4TH GRADE

4級 第8章
一問一答

CD 1 ▶ 5

＊実際の試験の問題用紙には、問題文、選択肢とも印刷されていません。CDを聞く際には、赤い文字をチェックシートで隠して、聞き取り練習をしましょう。

中国語を聞き、(**1**)〜(**20**)に対する答えとして最も適当なものを、それぞれ①〜④の中から1つ選びなさい。

(1) 他叫什么名字?
① 我明天出去玩儿。　　② 我叫王力。
③ 他姓小林。　　　　　④ 他叫李小华。

(2) 你打算什么时候去?
① 下个星期一。　　　　② 三个小时。
③ 现在十一点半。　　　④ 一天吃三次。

(3) 你想吃水饺吗?
① 我很喜欢睡觉。　　　② 我现在不想去睡觉。
③ 想啊，你会包吗?　　④ 我还没去过呢。

(4) 今天几月几号?
① 我的生日是七月十号。② 今天星期五。
③ 现在三点十分。　　　④ 今天十月八号。

(5) 你家有几口人?
① 今天我家没有人。　　② 三口。爸爸、妈妈和我。
③ 我们班有十五个人。　④ 我家在东京。

解 答 と 解 説

(1) [質問訳] 彼は何という名前ですか。
①明日は遊びに出かけます。
②私は王力といいます。
③彼の姓は小林です。
④彼は李小華といいます。

Answer ④

[解説] 「他叫〜?」と尋ねているので「他叫〜」と答える。

(2) [質問訳] あなたはいつ行くつもりですか。
①来週の月曜日です。
②3時間です。
③今は11時半です。
④1日に3回食べます。

Answer ①

[解説] 「什么时候去?（いつ行くか）」と時点を尋ねているので時点を表している「下个星期」だけが正解。

(3) [質問訳] 水餃子が食べたいですか。
①私は眠るのが好きです。
②今は眠りたくありません。
③ええ、あなたは作れますか。
④私はまだ行ったことがありません。

Answer ③

[解説] 「想吃〜?（食べたいか）」と尋ねているので「想」と答えている③が正解。

(4) [質問訳] 今日は何月何日ですか。
①私の誕生日は7月10日です。
②今日は金曜日です。
③今は3時10分です。
④今日は10月8日です。

Answer ④

[解説] 「今天〜月〜号?」と尋ねているので「今天〜月〜号」と答える。

(5) [質問訳] あなたの家は何人家族ですか。
①今日は我が家には誰もいません。
②3人です。父、母それに私です。
③私たちのクラスには15人います。
④我が家は東京にあります。

Answer ②

[解説] 「几口人?（何人家族、家族は何人）」と尋ねているので「我家有〜口人」あるいは省略して「〜口人」と答える。

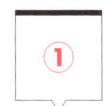

一问一答

(6) 今天天气怎么样?

① 今天是星期二。　　② 好像要下雨。

③ 昨天很暖和。　　　④ 今天我很忙。

(7) 你奶奶多大年纪了?

① 他今年上二年级。　② 我今年十九岁了。

③ 她已经七十五了。　④ 她的生日是十一月八号。

(8) 我喜欢听音乐,你呢?

① 我英语说得不太好。② 我不喜欢英语。

③ 我也很喜欢听音乐。④ 他不喜欢听音乐。

(9) 你怎么来学校?

① 我骑自行车。　　　② 我昨天有事儿。

③ 我九点来学校。　　④ 今天他不上课。

(10) 我的辞典呢?

① 我没有辞典。　　　② 我要买一本。

③ 我不会查辞典。　　④ 在这儿呢。

解答と解説

(6) [質問訳] 今日の天気はいかがですか。
①今日は火曜日です。
②どうやら雨が降りそうです。
③昨日は暖かかったです。
④今日は忙しいです。

Answer **②**

[解説]「今天天气怎么样?」と今日の天候を尋ねているので、曜日を答えている①、昨日の天候を答えている③、今日の自分の状況を答えている④は不正解。

(7) [質問訳] あなたのおばあさんはいくつですか。
①(彼は)今年2年生になる。
②私は今年で19歳になった。
③(彼女は)もう75歳になりました。
④(彼女は)誕生日は11月8日です。

Answer **③**

[解説] 祖母の歳を尋ねているので、祖母の歳を答えている③が正解。

(8) [質問訳] 私は音楽を聞くのが好きです、あなたは？
①私は英語がうまく話せません。
②私は英語が好きではありません。
③私も音楽を聞くのが好きです。
④彼は音楽を聞くのは好きではありません。

Answer **③**

[解説] 自分も音楽が好きかどうかを尋ねられているので、③が正解。「音乐(yīnyuè)」「英語(Yīngyǔ)」の聞き分けにも注意。

(9) [質問訳] あなたはどうやって学校まで来ますか。
①私は自転車で来ます。
②私は昨日用事がありました。
③私は9時に学校に来ます。
④今日彼は授業に出ませんでした。

Answer **①**

[解説] 学校に来る手段を尋ねているので①が正解。

(10) [質問訳] 私の辞書はどこですか。
①私は辞書を持っていません。
②私は1冊買うつもりです。
③私は辞書を引くことができません。
④ここにあります。

Answer **④**

[解説] 話し手が自分の辞書がどこにあるかを尋ねているので、場所を答えている④が正解。

4級 一問一答

一问一答

(11) 你一个星期有几节汉语课？
① 今天星期一。　　　　② 一共有四节。
③ 星期一没有汉语课。　④ 我很喜欢汉语课。

(12) 下了课去打网球吧？
① 不行，我得去打工。　② 我不会打篮球。
③ 下星期没有课。　　　④ 今天上英语课。

(13) 你的这辆自行车多少钱？
① 二〇三房间。　　　② 三百二十块。
③ 三点二十分。　　　④ 二十三个人。

(14) 你吃午饭了吗？
① 我不会做饭。　　　② 还没有呢。
③ 我已经吃晚饭了。　④ 食堂的饭很好吃。

(15) 你弟弟也是大学生吗？
① 对，他也是中学生。　② 对，我也在这个大学。
③ 不，他是高中生。　　④ 不，他不是我弟弟。

解 答 と 解 説

(11) [質問訳] あなたは１週間に何コマ中国語の授業がありますか。
①今日は月曜日です。
②全部で４コマあります。
③月曜日には中国語の授業はありません。
④私は中国語の授業がとても好きです。

[解説] 授業の数を尋ねているので②が正解。

Answer: ②

(12) [質問訳] 授業が終わったらテニスをしにいきましょう。
①だめです。アルバイトに行かなければなりません。
②私はバスケットボールができません。
③来週は授業がありません。
④今日は英語の授業に出ます。

[解説] テニスをしにいくことを誘われているので、それに答えている①が正解。

Answer: ①

(13) [質問訳] あなたの自転車はいくらですか。
①203号室です。
②320元です。
③３時20分です。
④23人です。

[解説] 「多少钱?（いくらか）」と価格を尋ねているので、価格を答えている②が正解。

Answer: ②

(14) [質問訳] 昼ご飯を食べましたか。
①私は炊事ができません。
②まだです。
③もう晩ご飯を食べました。
④食堂のご飯はおいしい。

[解説] 昼ご飯を食べたかどうかを尋ねているので②が正解。

Answer: ②

(15) [質問訳] あなたの弟も大学生ですか。
①ええ、彼も中学生です。
②ええ、私もこの大学です。
③いいえ、彼は高校生です。
④いいえ、彼は私の弟ではありません。

[解説] 弟も大学生かと尋ねているのに対し、①は同意しているにもかかわらず中学生と答えているので不正解。②は自分もこの大学に在学していると自分のことを答えているので不正解。④は尋ねられた内容の答えになっていないので不正解。

Answer: ③

一問一答

(16) 你每天睡几个小时？
① 我明天没有事。　　② 每天十二点左右睡。
③ 我还不知道呢。　　④ 七、八个小时。

(17) 你姐姐在哪儿工作？
① 她家离这儿不远。　　② 哥哥是银行职员。
③ 我姐姐不工作。　　④ 她很喜欢她的工作。

(18) 你今天几点回家？
① 到家要一个半小时。　　② 我家离这儿不远。
③ 下了课我就回家。　　④ 她六点多钟到家。

(19) 她是什么时候来日本的？
① 她是上个月来的。　　② 她是一个人来的。
③ 她是坐船来的。　　④ 她下个星期就来。

(20) 汉语的发音难不难？
① 汉语的语法不太难。　　② 我觉得很难。
③ 语法比较难。　　④ 英语比较容易。

解答と解説

(16) [質問訳] あなたは毎日何時間寝ますか。
①私は明日ひまです。
②毎日12時頃に寝る。
③私はまだ知らない。
④7、8時間です。

Answer ④

[解説] 睡眠時間を尋ねているので、④が正解。

(17) [質問訳] あなたのお姉さんはどこで仕事をしていますか。
①彼女の家はここから遠くありません。
②兄は銀行員です。
③私の姉は仕事をしていません。
④彼女は自分の仕事が好きです。

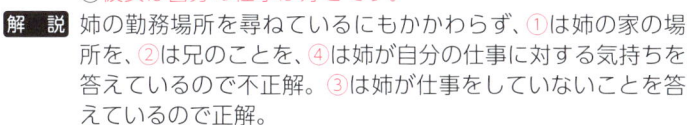

Answer ③

[解説] 姉の勤務場所を尋ねているにもかかわらず、①は姉の家の場所を、②は兄のことを、④は姉が自分の仕事に対する気持ちを答えているので不正解。③は姉が仕事をしていないことを答えているので正解。

(18) [質問訳] あなたは今日何時に家に帰りますか。
①家まで1時間半ぐらいです。
②私の家はここから遠くありません。
③授業が終わればすぐに家に帰ります。
④彼女は6時過ぎに家に帰ります。

Answer ③

[解説] 自分がいつ帰宅するかを答えている③が正解。

(19) [質問訳] 彼女はいつ頃日本に来たのですか。
①彼女は先月来ました。
②彼女は1人で来ました。
③彼女は船に乗ってきました。
④彼女は来週来ます。

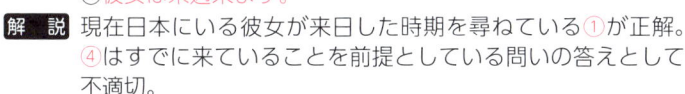

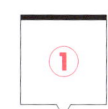

Answer ①

[解説] 現在日本にいる彼女が来日した時期を尋ねている①が正解。④はすでに来ていることを前提としている問いの答えとして不適切。

(20) [質問訳] 中国語の発音は難しいですか。
①中国語の文法はあまり難しくありません。
②私はとても難しいと思います。
③文法はわりと難しいです。
④英語はわりと簡単です。

Answer ②

[解説] 中国語の発音について尋ねているので、文法のことを答えている①③は不正解。英語について答えている④も不正解。「比英语难（英語より難しい）」と答えるならば可。

4級 一問一答

147

単語 4級レベル

副詞・介詞

◎副詞

必须	bìxū	～しなければならない
曾经	céngjīng	かつて、以前
差不多	chàbuduō	だいたい、おおよそ
常常	chángcháng	しばしば、たびたび
从来	cónglái	これまでずっと
倒	dào	むしろ、ところが、かえって
多	duō	どれだけ（程度や数を数える）
刚才	gāngcái	たった今、つい先ほど
还是	háishi	依然として
好好儿	hǎohāor	しっかりと、存分に
忽然	hūrán	不意に、急に
互相	hùxiāng	互いに
极了	jíle	きわめて
经常	jīngcháng	いつも、しょっちゅう
就是	jiùshì	まさしく、他でもない
可	kě	まったく、じつに
肯定	kěndìng	確実に、きっと
快	kuài	まもなく～になる
老	lǎo	長い間、いつも
全	quán	まったく、完全に
稍	shāo	やや、少し
实在	shízài	本当に、じつに
特别	tèbié	とりわけ、特別に
特意	tèyì	特に、わざわざ
挺	tǐng	とても、かなり
突然	tūrán	突然
为什么	wèi shénme	どうして、なぜ
要	yào	もうすぐ（～になる）
一定	yídìng	きっと、必ず
一块儿	yíkuàir	一緒に
一边	yìbiān	～しながら～する
一直	yìzhí	まっすぐ、ずっと
已经	yǐjīng	すでに
正	zhèng	ちょうど（ちょうど～している）
只好	zhǐhǎo	～するほかない
最好	zuìhǎo	～に越したことはない

◎介詞

把	bǎ	～を
被	bèi	～に～される
比	bǐ	～より、～に比べて
朝	cháo	～の方に、～に向かって
除了	chúle	～を除いて、～以外
从	cóng	～から
到	dào	～まで
对	duì	～に対して
给	gěi	～に対して、～に
跟	gēn	～と、～に、～に対して
和	hé	～に、～と
叫	jiào	～に～される
离	lí	～から、～まで
连	lián	～でさえも
让	ràng	～される
往	wǎng	～に向かって、～の方へ
为	wèi	～のために
向	xiàng	～に向かって、～に対して
在	zài	～に、～で

[第9章]

4級
リスニング
内容理解

長文を聞いて、それに対する設問について解答していく問題です。第8章と同様に、正確に聞き取れるように繰り返し練習しましょう。また、実際の試験に即した形式で問題を収録しているので、出題形式に慣れておきましょう。

CHUKEN
4TH GRADE

4級 第9章 内容理解

*実際の試験の問題用紙には、長文、選択肢とも印刷されていません。CDを聞く際には、赤い文字をチェックシートで隠して、聞き取り練習をしましょう。

問題 1 中国語を聞き、続く（**1**）～（**5**）に対する答えとして最も適当なものを、それぞれ①～④の中から1つ選びなさい。

男：你认识留学生小李吧?
女：认识。我们都学日本文学专业。
男：昨天我找她，没找到。
女：她跟我出去看电影了。
男：你们是好朋友吗?
女：对，我们老在一起。
男：你们谁大?
女：她今年二十一，比我大一岁。
男：听说后天是她的生日。
女：是的。我今天上街给她买了一个生日礼物。
男：是吗，买什么了?
女：一个漂亮的钱包。

（**1**）小李的专业是什么?
　　☐　①美国文学　②日本文学　③日语　④日本历史

（**2**）昨天"我"们去干什么了?
　　☐　①去逛商店了　②去公园玩儿了　③去看电影了　④去买礼物了

（**3**）"我"今年多大?
　　☐　①二十岁　②二十一岁　③二十二岁　④二十三岁

（**4**）她的生日是什么时候?
　　☐　①昨天　②今天　③后天　④这个星期天

（**5**）"我"给小李买了什么礼物?
　　☐　①铅笔盒儿　②钱包　③书包　④音乐CD

解答と解説

＊全訳⇒P156

(1) [質問訳] 李さんの専攻は何ですか。
①アメリカ文学　　　　②日本文学
③日本語　　　　　　　④日本史
[解説]「历史」をしっかり聞いておけば、答えは導き出せる。

Answer ②

(2) [質問訳] 昨日「私たち」は何をしに行きましたか。
①ウィンドー・ショッピングに行った　②公園に遊びに行った
③映画を見に行った　　　　　　　④プレゼントを買いに行った
[解説]「逛」は「ぶらぶらと歩く、散歩する」の意味。あちこち見て回るようなときにも使う。

Answer ③

(3) [質問訳]「私」は今年何歳ですか。
①20歳　　　　　　　　②21歳
③22歳　　　　　　　　④23歳
[解説] 李さんが21で「私」より1歳上だと言っているので「私」は20歳。

Answer ①

(4) [質問訳] 彼女の誕生日はいつですか。
①昨日　　　　　　　　②今日
③あさって　　　　　　④今週の日曜日
[解説]「明天（あした）」「后天（あさって）」「大后天（しあさって）」「昨天（きのう）」「前天（おととい）」「大前天（さきおととい）」

Answer ③

(5) [質問訳]「私」は李さんにどんなプレゼントを買ったでしょうか。
①筆箱　　　　　　　　②財布
③かばん　　　　　　　④音楽CD
[解説]「钱包」と「书包」をしっかりと聞き分けるのがポイント。

Answer ②

4級　内容理解

内容理解

4級　第9章

CD 33 ▶ 44

問題 2　中国語を聞き、続く(1)～(5)に対する答えとして最も適当なものを、それぞれ①～④の中から1つ選びなさい。

马上就要放暑假了。放假以后，我要跟同学一起去中国旅行三个星期。我们先去北京，然后再去上海。在上海我可以见到我爸爸。公司派他在那儿工作，他刚去了半年。他也在学汉语，可是他学了还不到一年，说得不好。在上海待一个星期以后，我们还要去别的地方玩儿。

(1)"我"什么时候去中国？
- ①暑假
- ②寒假
- ③下个月
- ④下个星期

(2)"我"去中国干什么？
- ①出差
- ②旅行
- ③工作
- ④学汉语

(3)跟谁一起去？
- ①妈妈
- ②爸爸
- ③同学
- ④姐姐

(4)爸爸的汉语怎么样？
- ①不会说
- ②说得很好
- ③说得还可以
- ④说得不好

(5)"我"准备在中国待多长时间？
- ①半个月
- ②一个星期
- ③三个星期
- ④半年

解 答 と 解 説

＊全訳⇒P156

(1) [質問訳]「私」はいつ中国に行きますか。
①夏休み　　　　　　②冬休み
③来月　　　　　　　④来週
[解説]「もうすぐ夏休み」「休みになったら〜」と言っているので①が正解。

Answer ①

(2) [質問訳]「私」は中国に何をしに行きますか。
①出張　　　　　　　②旅行
③仕事　　　　　　　④中国語を勉強する
[解説] ①③④は、お父さんのことを言っている。「私」のことは②だけ。

Answer ②

(3) [質問訳] 誰と一緒に行きますか。
①母　　　　　　　　②父
③同級生　　　　　　④姉
[解説] 共に学ぶ仲間は、学年の違いを問わず「同学」と言う。友達は「朋友」。

Answer ③

(4) [質問訳] お父さんの中国語はどうですか。
①話せない　　　　　②上手に話せる
③まあまあ話せる　　④あまりうまく話せない
[解説] 父のことなので「他」で始まる文の中に答えがある。ストーリーを順序立てて覚えておこう。

Answer ④

(5) [質問訳]「私」は中国にどのくらい滞在するつもりですか。
①半月　　　　　　　②1週間
③3週間　　　　　　④半年
[解説] 期間を表すフレーズは、いくつか出てくる。初めの方に出てくる「我」で始まる文の「三个星期」を忘れないでおく。

Answer ③

4級 第9章
内容理解

問題 3 中国語を聞き、続く（1）～（5）に対する答えとして最も適当なものを、それぞれ①～④の中から１つ選びなさい。

　　车站附近有一个游泳池，从我家走着去要十几分钟。为了锻炼身体，我每星期一、三、五的晚上去游泳。可是我并不太喜欢在游泳池里游泳，因为那里人太多。我喜欢在海里游，我的老家就在海边。放暑假的时候我每天都去海里游泳。
　　除了游泳，我还喜欢打棒球和打网球。今天下午我跟朋友在学校里打了两个小时网球。

（1）游泳池在哪儿？
　　①我家附近　　　　　　②车站附近
　　③公园里　　　　　　　④学校里

（2）走着去要多长时间？
　　①几分钟　　　　　　　②七分钟
　　③十几分钟　　　　　　④十七分钟

（3）"我"一个星期去几次游泳池？
　　①一次　　　　　　　　②三次
　　③五次　　　　　　　　④七次

（4）"我"暑假每天去哪儿？
　　①去海边游览　　　　　②去游泳池游泳
　　③去朋友家　　　　　　④去海里游泳

（5）今天下午干什么了？
　　①打网球了　　　　　　②游泳了
　　③打棒球了　　　　　　④回老家了

解答と解説

＊全訳⇒P156

(1) [質問訳] プールはどこにありますか。
①私の家の近く　　　　　　②駅の近く
③公園内　　　　　　　　　④学校内

Answer ②

[解説]「车站」は「駅、停車場、停留所」などの意味。「附近」は「近所」の意味。

(2) [質問訳] 歩いてどれくらいですか。
①数分　　　　　　　　　　②7分
③十数分　　　　　　　　　④17分

Answer ③

[解説] 正解の「十几(jǐ)分钟」と④「十七(qī)分钟」の発音の違いをしっかりと聞き分けよう。

(3) [質問訳]「私」は1週間に何回プールに行きますか。
①1回　　　　　　　　　　②3回
③5回　　　　　　　　　　④7回

Answer ②

[解説]「月、水、金の夜に泳ぎに行く」とあるので、週3回。

(4) [質問訳]「私」は夏休みに毎日どこに行きますか。
①海辺へ見物に行く　　　　②プールへ泳ぎに行く
③友達の家に行く　　　　　④海へ泳ぎに行く

Answer ④

[解説] 夏休みのことを聞いているので「放暑假的时候～」で始まる文の中から答えを出す。

(5) [質問訳] 今日の午後何をしましたか。
①テニスをした　　　　　　②泳いだ
③野球をした　　　　　　　④家に帰った

Answer ①

[解説]「游泳・打棒球・打网球」など、「好き」なスポーツのうち、「今日の午後した」と言っているのは「打网球」だけ。

4級　内容理解

内容理解全訳

問題 1 ⇒P150
男：留学生の李さんとはお知り合いですよね。
女：そうですよ。私たちは同じく日本文学の専攻です。
男：昨日彼女を訪ねましたが、会えませんでした。
女：彼女は私と映画を見に出かけていました。
男：あなたたちは親友ですか？
女：そのとおり。私たちはいつも一緒です。
男：どちらが年上ですか？
女：彼女は今年21歳で、私より1歳年上です。
男：明後日は彼女の誕生日だそうです。
女：そうです。今日は町に行き彼女への誕生日プレゼントを買ってきました。
男：そうですか。何を買いましたか？
女：きれいな財布です。

問題 2 ⇒P152
もうすぐ夏休みになります。夏休みになったら、私は同級生と一緒に3週間の中国旅行に出かけるつもりです。私たちは先に北京に行き、その後上海に行きます。上海では父に会えます。会社から派遣されてそこで仕事をしていますが、半年前に行ったばかりです。父も中国語を勉強していますが、まだ1年にも満たず、よく話すことができません。上海で1週間滞在してから、私たちはさらに別の場所に遊びに行くつもりです。

問題 3 ⇒P154
駅の近くにプールがあり、私の家から歩いて十数分です。体を鍛えるために、私は毎週月曜、水曜、金曜の夜に泳ぎに行きます。しかし、人が多すぎるので、私はプールで泳ぐことが好きではありません。私の生家は海辺にあったので、私は海で泳ぐのが好きです。夏休みになると私は毎日海に泳ぎに行きます。泳ぐことの他に、私は野球とテニスをするのが好きです。今日の午後、私は友達と一緒に学校で2時間テニスをしました。

模擬試験

準4級	模擬試験………	158 ページ
	解答と解説…	164 ページ
4級	模擬試験………	170 ページ
	解答と解説…	178 ページ

実際の試験形式に即した出題をしています。試験時間に合わせて解いて、実力をチェックしましょう。答えられなかった問題については、各分野に戻って復習しておきましょう。

CHUKEN
PRE 4TH GRADE

準4級 模擬試験

試験時間 **60**分

▶ リスニング

1

CD 59 ▶ 63

1. (1)〜(5)の中国語の発音を聞き、設問のピンインと一致するものを、それぞれ①〜④の中から1つ選びなさい。

(1)
① yù　　② yòu　　③ yì　　④ yuè

(2)
① páng　　② pén　　③ pán　　④ péng

(3)
① kù　　② cù　　③ cì　　④ sù

(4)
① jiǒng　　② chǒng　　③ zhǔn　　④ zhǒng

(5)
① qiū　　② kū　　③ qī　　④ qū

CD 64 ▶ 68

2. (6)〜(10)のピンイン表記と一致するものを、それぞれ①〜④の中から1つ選びなさい。

(6) yǎnjing
①　　　②　　　③　　　④

158

(7) fángjiān
☐ ①　　②　　③　　④

(8) gōngsī
☐ ①　　②　　③　　④

(9) jiàoshì
☐ ①　　②　　③　　④

(10) wǎnshang
☐ ①　　②　　③　　④

CD 69 ▶ 73

3. (11)～(15)の日本語を中国語で言い表す場合、最も適当なものを、それぞれ①～④の中から１つ選びなさい。

(11) パン
☐ ①　　②　　③　　④

(12) タクシー
☐ ①　　②　　③　　④

(13) ホテル
☐ ①　　②　　③　　④

(14) ベッド
☐ ①　　②　　③　　④

(15) 昼間
☐ ①　　②　　③　　④

2

1．(1)～(5)の下線部を中国語で言い表す場合に、最も適当なものを、それぞれ①～④の中から1つ選びなさい。

(1) 1020
　① 　　② 　　③ 　　④

(2) 20日間
　① 　　② 　　③ 　　④

(3) 1時間30分
　① 　　② 　　③ 　　④

(4) 2.20元
　① 　　② 　　③ 　　④

(5) 11月8日
　① 　　② 　　③ 　　④

2．(6)～(10)の場合、中国語で言い表すのに、最も適当なものを、それぞれ①～④の中から1つ選びなさい。

(6) "ありがとう"と言われたとき。
　① 　　② 　　③ 　　④

(7) 許しを請うとき。
　① 　　② 　　③ 　　④

(8) 相手のフルネームを尋ねるとき。
　① 　　② 　　③ 　　④

(9) 先に帰るとき。
　① 　　② 　　③ 　　④

(10) 相手が謝ったとき。
　① 　　② 　　③ 　　④

▶ 筆記

3

1. (1)～(5)の語句と声調の組み合わせが同じものを、それぞれ①～④の中から1つ選びなさい。

(**1**) 布
① hù　　② pù　　③ bù　　④ fù

(**2**) 渴
① gě　　② kě　　③ gǔ　　④ kǎ

(**3**) 送
① xùn　　② xiòng　　③ shèng　　④ sòng

(**4**) 旁边
① pàngbiān　② pángbiān　③ pàngbián　④ pángbiàn

(**5**) 机场
① jīcǎng　② jícháng　③ qīcǎng　④ jīchǎng

2. (6)～(10)の各文の空欄を埋めるのに最も適当なものをそれぞれ①～④の中から1つ選びなさい。

(**6**) 你喝（　　）茶吧。
①杯　　②张　　③条　　④枝

(**7**) 我吃（　　）晚饭了。
①吗　　②过　　③呢　　④地

(**8**) 我要（　　）帽子。
①喝　　②穿　　③坐　　④戴

(**9**) 见到你，我很（　　）。
①白　　②高兴　　③甜　　④厚

(**10**) 他（　　）生病。
①非常　　②最　　③常常　　④太

3. (11)～(15)の日本語の意味になるように、与えられた①～④の中国語を並べ替えたとき、[　]に入る語はそれぞれ何になりますか。

(11) 私は本を３冊買った。
☒ 我 ____ ____ [____] ____ 。
　①买了　　②本　　③三　　④书

(12) 彼は中国語がとても上手です。
☒ 他 ____ ____ [____] ____ 。
　①很好　　②说　　③汉语　　④得

(13) 郵便局は駅前にあります。
☒ 邮局 ____ ____ [____] ____ 。
　①车站　　②前　　③在　　④边儿

(14) あなたは彼女より忙しいですか。
☒ 你 ____ ____ [____] ____ ?
　①忙　　②吗　　③比　　④她

(15) あなたが一番好きなのはどれですか。
☒ 你 ____ ____ [____] ____ 哪个?
　①是　　②最　　③的　　④喜欢

4. (1)〜(5)の日本語を中国語に訳したとき，下線部の日本語に当たる中国語を漢字(簡体字)で書きなさい。(漢字は崩したり略したりせずに書くこと。)

(**1**) a 飛行機に乗る。
　　 b 駅に行く。

(**2**) a プレゼントを贈る。
　　 b 電話をかける。

(**3**) お風呂に入る。

(**4**) 友達を紹介する。

(**5**) アルバイトをする。

準4級 模擬試験 解答と解説

▶ リスニング　　　　　　　　　　　＊選択肢の番号が色文字になっているものが正解です。

1

1．単音節

（1）①yù（遇）　②yòu（又）　③yì（义）　④yuè（月）
　解説　「yu」は「ユ」ではなく、「ü」（口をすぼめて「イ」と発音したときの音）と同じ音。

（2）①páng（旁）　②pén（盆）　③pán（盘）　④péng（朋）
　解説　nはngと間違えやすいので注意。

（3）①kù（酷）　②cù（醋）　③cì（次）　④sù（宿）
　解説　cuは有気音cにu（口をすぼめた「ウ」の音）である。ciのiは口を横に広げ「イ」の形にして「ウ」と発音したときの音。

（4）①jiǒng（窘）　②chǒng（宠）　③zhǔn（准）　④zhǒng（种）
　解説　zhは巻舌音で無気音である。chは同じ巻舌音であるが、有気音なので注意。

（5）①giū（秋）　②kū（哭）　③qī（七）　④qū（区）
　解説　quの「u」は「ウ」ではなく「ü」（口をすぼめて「イ」と発音したときの音）なので注意。

2．複音節

（6）①yǎnjìng　眼镜（眼鏡）　　②yānjīng　燕京（燕京）
　　③yǎnjing　眼睛（目）　　　④yánjǐn　严谨（厳密である）
　解説　-n、-ngの鼻母音および声調の識別問題。

（7）①fángjiān　房间（部屋）　　②fāngbiàn　方便（便利である）
　　③hàntián　旱田（畑）　　　④fàndiàn　饭店（ホテル）
　解説　子音fとhの識別および-n、-ngの鼻母音や声調の識別問題。

（8）①gōngzī　工资（給料）　　②gōngsī　公司（会社）
　　③kòngzi　空子（隙）　　　④gōngshì　公式（公式）
　解説　有気音k、無気音gの識別およびそり舌音の識別問題。

(9) ①jiàoshī 教师（教師）　　②jiǎozhǐ 脚趾（足の指）
　　③jiǎozi 饺子（ギョーザ）　④jiàoshì 教室（教室）
　　解説 そり舌音および声調の識別問題。

(10) ①wánshàn 完善（そろっている）②wǎngshàng 网上（ネット上）
　　③wǎnshang 晚上（晩）　　④wánshǎng 玩赏（鑑賞する）
　　解説 -n、-ngの鼻母音および声調の識別問題。

3．発音と意味

(11) パン
　　①bāozi 包子（肉まん）　　②jiǎozi 饺子（ギョーザ）
　　③miànbāo 面包（パン）　　④miàntiáor 面条儿（麺類）

(12) タクシー
　　①gōnggòng qìchē 公共汽车（バス）②chūzūchē 出租车（タクシー）
　　③huǒchē 火车（列車）　　④diànchē 电车（電車、トロリーバス）

(13) ホテル
　　①shāngdiàn 商店（商店）　　②shūdiàn 书店（書店）
　　③fàndiàn 饭店（ホテル）　　④fángjiān 房间（部屋）

(14) ベッド
　　①chuānghù 窗户（窓）　　②zhuōzi 桌子（机）
　　③shāfā 沙发（ソファー）　　④chuáng 床（ベッド）

(15) 昼間
　　①báitiān 白天（昼間）　　②hòutiān 后天（明後日）
　　③zuótiān 昨天（昨日）　　④qiántiān 前天（一昨日）

2

1．数字

(1) ③ 一千零二十（yìqiān líng èrshí）
　　解説 ①「一千二（yìqiān èr）」は1200、②「一千零二（yìqiān língèr）」
　　は1002の意味。

（2）④ 二十天（èrshí tiān）

> **解説** ①③20を表すときは「两十」とは言わない。②「二十号（èrshí hào）」は20日の意味。

（3）① 一个半小时（yíge bàn xiǎoshí）

> **解説** 1時間30分は「一个半小时（yíge bàn xiǎoshí）」「一个半钟头（yíge bàn zhōngtóu）」「一个小时三十分钟（yíge xiǎoshí sānshífēnzhōng）」と言う。30分間は「半个小时（bànge xiǎoshí）」「三十分钟（sānshí fēnzhōng）」と言う。

（4）② 两块二（liǎngkuài èr）

> **解説** 貨幣の単位では「毛（máo）」と「分（fēn）」は一桁だけで、繰り上がる場合は次の単位となる。

（5）① 十一月八号（shíyīyuè bāhào）

> **解説** 日付の日は「号（hào）」を用いる。「天（tiān）」は○日間という場合に用いる。「～个月（～ge yuè）」は○か月という場合に用いる。二桁の数字の初めの数字が1の場合「一十～（yīshí～）」ではなく「十～（shí～）」と、一をつけずに言う。

2．挨拶・短文

（6）①请原谅！（どうぞお許しください。）
　　②对不起！（申し訳ありません。）
　　③不客气！（どういたしまして。）
　　④您贵姓？（お名前は（名字は）何とおっしゃいますか。）

> **解説** ①は許しを請うとき、②は謝るとき、④は名字を尋ねるときに使う。

（7）①麻烦你！（面倒をおかけします。）
　　②请原谅！（どうぞお許しください。）
　　③别客气！（どういたしまして。／遠慮なさらずに。）
　　④辛苦了！（ご苦労さま。）

> **解説** ①は面倒をかけるとき、④はねぎらうときに使う。③は（6）の意味の他にお客に対して遠慮しないように言うときにも使う。

（8）①你叫什么名字？（名前は何と言いますか。）
　　②您贵姓？（お名前は（名字は）何とおっしゃいますか。）
　　③明天见！（明日また会いましょう。）
　　④你是哪国人？（あなたはどこの国の人ですか。）

> **解説** ②は名字を尋ねるときの言い方。③は翌日に会うことが決まっていて別れるときの言い方。④は祖国を尋ねる場合に使う。

(9) ① 你先走吧！（お先にどうぞ。）
② 我回来了！（ただいま帰りました。）
③ 我先走了！（お先に失礼します。）
④ 我先吃了！（先に食べます。/先に食べました。）

解説 ①は相手を先に行かせる(帰らせる)、②は家などに戻ったときの言い方。④は自分が先に食べる、あるいは食べてしまったことを伝える場合の言い方。

(10) ① 没什么！（かまいません。）
② 谢谢您！（どうもありがとうございます。）
③ 不用谢！（礼には及びません。）
④ 别送了！（送らなくてもけっこうです。）

解説 ②は礼を言うときの言い方。③は礼を言われたときに使う。④は見送らなくてよいと言うときの言い方。

▶ 筆 記

3

1．ピンイン表記

(1) ③ 布（bù） [意味] 布

(2) ② 渴（kě） [意味] 喉が渇いている

(3) ④ 送（sòng） [意味] 送る

(4) ② 旁边（pángbiān） [意味] 傍ら

(5) ④ 机场（jīchǎng） [意味] 空港

2．空欄補充

(6) ① [完成文] 你喝（杯）茶吧。
[質問訳] お茶をどうぞ。
解説 「1杯」の意味の「杯(bēi)」を用いる。例文では「一」を省略している。

(7) ② [完成文] 我吃（过）晚饭了。
[質問訳] 私はもう晩ご飯を食べました。
解説 「すませた」という意味を表す場合は「过(guò)」を用いる。

(8) ④ 完成文 我要(戴)帽子。
質問訳 私は帽子をかぶります。
解説 「(帽子を)かぶる」は「戴(dài)」を使う。「(眼鏡を)かける」「(手袋や指輪を)つける」場合も同様。

(9) ② 完成文 见到你,我很(高兴)。
質問訳 お会いできて、とてもうれしい。
解説 「うれしい」は「高兴(gāoxìng)」を使う。

(10) ③ 完成文 他(常常)生病。
質問訳 彼はよく病気にかかります。
解説 「よく、いつも、たびたび」という意味を表す場合は「常常(chángcháng)」を使う。④「太(tài)」は「とても」あるいは「(程度が)~すぎる」の意味。

3．語順整序

(11) ② 中国語 我买了三[本]书。
解説 「三本书」は「本3冊」の意味。中国語の構造では「3冊の本」で、語順は「数詞+量詞+名詞」となる。この構造は非常によく使い、検定試験の必出問題なので、ぜひ覚えておこう。

(12) ④ 中国語 他汉语说[得]很好。
解説 有名な「象は鼻が長い」のような文型である。全体の「他汉语说得很好」の中、「他」は主語で、「汉语说得很好」が述語となる。この「汉语说得很好」も1つの文で、「汉语」が主語、「说得很好」が述語になる。「说得很好」は動補構造の1つで、文型は「動詞+助詞「得」+補語」。

(13) ② 中国語 邮局在车站[前]边儿。
解説 人やものがどこにあるのかを説明する文型は、中国語では「主語+在+名詞(場所)+方位詞」という文型を使う。この文型の問題も中検の必出問題である。「方位詞」とは方位を表す名詞で、文中の「前边儿」がそれに当たる。「~边儿」の形は一番よく見られる。「~」のところには「前、后、左、右、上、下」の何を入れてもよい。

(14) ① 中国語 你比她[忙]吗?
　　　解説　比較の疑問文。文末に疑問を表す「吗」がある以外は、基本文型の語順と同じ。

(15) ③ 中国語 你最喜欢[的]是哪个?
　　　解説　「你最喜欢的(あなたが一番好きなのは)」が主語。「的」の後の名詞が省略されたと考える。「哪个」は「どれ」の意味。

▶ 作文

4

(1) a 坐(zuò)
　　解説　交通機関では座席に座るので、「坐」を使う。車、電車、船、飛行機のいずれも同じ。ただし、二輪車は「骑(qí)」を使う。

　　b 车站(chēzhàn)
　　解説　「駅」は「车站」。電車や地下鉄のほか、バス停にも使われる。

(2) a 礼物(lǐwù)
　　解説　プレゼントも土産も中国語では「礼物」。「プレゼントを贈る」は「送礼物(sòng lǐwù)」。

　　b 打(dǎ)
　　解説　「電話をかける」は「打电话(dǎdiànhuà)」。「打」は「する」という意味で多くの動詞の代わりに使う。

(3) 洗澡(xǐzǎo)
　　解説　「お風呂に入る」「入浴する」は中国語では「洗澡(xǐzǎo)」。「1回お風呂に入る」なら「洗一次澡」になる。「澡」の書き方も覚えよう。

(4) 介绍朋友(jièshào péngyou)
　　解説　「介绍」は「紹介する」で、漢字の順番が日本語と逆になることに注意。「友達」は「朋友」。

(5) 打工(dǎgōng)
　　解説　「アルバイトをする」の訳は「打工」で正解だが、「打工」の意味は「アルバイト」だけでないことも知っておこう。広義では、他人の会社での労働はすべて「打工」になる。

4級 模擬試験

試験時間 **100分**

▶ リスニング

1

CD 57 ▶ 66

1. 中国語を聞き、(1)〜(10)に対する答えとして最も適当なものを、それぞれ①〜④の中から1つ選びなさい。

(1) ① ② ③ ④

(2) ① ② ③ ④

(3) ① ② ③ ④

(4) ① ② ③ ④

(5) ① ② ③ ④

(6) ① ② ③ ④

(7) ① ② ③ ④

(8) ① ② ③ ④

(9) ① ② ③ ④

(10) ① ② ③ ④

2

CD 67▶78

中国語を聞き、(1)〜(10)に対する答えとして最も適当なものをそれぞれ①〜④の中から1つ選びなさい。

- メモ欄 -

(1)
① ②
③ ④

(2)
① ②
③ ④

(3)
① ②
③ ④

(4)
① ②
③ ④

(5)
① ②
③ ④

・メモ欄・

（6）"我"怎么去车站？
　　① 　　　　　　　　　　　②
　　③ 　　　　　　　　　　　④

（7）从"我"家到学校要多长时间？
　　① 　　　　　　　　　　　②
　　③ 　　　　　　　　　　　④

（8）坐电车的时候"我"常干什么？
　　① 　　　　　　　　　　　②
　　③ 　　　　　　　　　　　④

（9）"我"星期几打工？
　　① 　　　　　　　　　　　②
　　③ 　　　　　　　　　　　④

（10）"我"在哪儿打工？
　　① 　　　　　　　　　　　②
　　③ 　　　　　　　　　　　④

▶ 筆記

1

1．（1）～（5）の語句と声調の組み合わせが同じものを、それぞれ①～④の中から1つ選びなさい。

（1）检查
①特别　　②课本　　③城市　　④起床

（2）客气
①认识　　②握手　　③大概　　④窗户

（3）汉字
①旅行　　②电话　　③小时　　④只好

（4）使用
①见面　　②年纪　　③请问　　④医院

（5）表演
①感谢　　②领导　　③地图　　④方便

2．（6）～（10）の語句の正しいピンインを、それぞれ①～④の中から1つ選びなさい。

（6）去年
① jùnián　② qùnián　③ jūnián　④ qūnián

（7）文化
① wénhuá　② wénhuā　③ wènhuá　④ wénhuà

（8）春天
① chūntiān　② qūntiān　③ chúntián　④ qúntián

（9）衣服
① yíhù　② yīfu　③ yífù　④ yīhu

（10）太阳
① dàyáng　② dàiyáng　③ tàyáng　④ tàiyáng

4級 模擬試験

173

2

（1）～（10）の各文の空欄を埋めるのに最も適当なものを、それぞれ①～④の中から1つ選びなさい。

（1）这张画儿（　　）得很不错。
　①抹　　　②写　　　③涂　　　④画

（2）他很会（　　）棒球。
　①投　　　②打　　　③做　　　④挥

（3）这台电脑太（　　）了，我买不起。
　①大　　　②贵　　　③便宜　　④高

（4）母亲每天五点（　　）起床。
　①又　　　②就　　　③快　　　④才

（5）去年冬天（　　）冷。
　①没有　　②不是　　③不　　　④没

（6）太阳慢慢（　　）落下去了。
　①得　　　②着　　　③地　　　④的

（7）我从来没吃（　　）这么好吃的菜。
　①的　　　②过　　　③着　　　④了

（8）对不起，这儿（　　）拍照。
　①不应该　②不能　　③不会　　④不要

（9）期末考试考得（　　）？
　①怎么　　②什么　　③怎么样　④什么样

（10）房间里有一张床，一张桌子和两（　　）椅子。
　①架　　　②台　　　③张　　　④把

3

1.（1）〜（5）の日本語の意味に合う中国語はどれか、それぞれ①〜④の中から1つ選びなさい。

（1）姉は私より3歳年上です。
　①姐姐比我三岁大。　　　②姐姐三岁比我大。
　③姐姐大三岁比我。　　　④姐姐比我大三岁。

（2）靴は1足いくらですか。
　①多少钱鞋子一双？　　　②多少鞋子一双钱？
　③鞋子多少钱一双？　　　④一双多少钱鞋子？

（3）トマトはスーパーで買いました。
　①西红柿是在超市买的。　②西红柿是超市在买的。
　③西红柿是买的在超市。　④在超市西红柿是买的。

（4）かばんから本を1冊取り出しました。
　①从书包里一本书拿出了。　②从书包里拿出了一本书。
　③书包里从拿出了一本书。　④从书包里书拿出了一本。

（5）私は前にこの果物を1度食べたことがあります。
　①我以前吃过这种水果一次。　②我以前一次吃过这种水果。
　③我以前这种水果一次吃过。　④我以前吃过一次这种水果。

2. (6)～(10)の文を、与えられた日本語の意味になるように、それぞれの①～④を並べ替えたとき、[　]に入る語は何になりますか。

(**6**) おととい食堂で張亮を見かけました。
　　我 [　　　] ＿＿＿ ＿＿＿ ＿＿＿ 张亮。
　　①在　　　②看见了　　③前天　　④食堂

(**7**) 私はクラスメートと買い物に行きます。
　　我 ＿＿＿ ＿＿＿ [　　　] ＿＿＿ 买东西。
　　①同学　　②和　　　③去　　　④一起

(**8**) ここには何度か来たことがあります。
　　我 ＿＿＿ [　　　] ＿＿＿ 。
　　①这里　　②几　　　③来过　　④次

(**9**) 昨日、検査をしに病院へ行ってきました。
　　昨天 ＿＿＿ ＿＿＿ ＿＿＿ [　　　]。
　　①医院　②做了　③去　④检查

(**10**) 彼女と話す機会がありません。
　　我 ＿＿＿ [　　　] ＿＿＿ 。
　　①机会　　②跟她　　③交谈　　④没有

4

次の文章を読み、(1)～(6)の答えとして正しいものを、それぞれの①～④の中から1つ選びなさい。

　　梁燕现在在美国留学。她很喜欢做菜，其实她是去美国后才开始学(　(1)　)。之前她(　(2)　)荷包蛋(　(2)　)不会煎。因为她是独生女，从小娇生惯养，在父母家里没做(　(3)　)一次饭。但是去美国以后她只好自己做了。刚开始做饭的时候，每次都(4)要花很长时间，而且做得不好吃。但是后来越做越好，慢慢儿(　(5)　)体会到做菜的乐趣，现在会做好几样菜了。她不喜欢一个人吃饭，所以常常请朋友来家里吃自己做的饭菜。她这个星期六打算请朋友来家里玩儿，做她最拿手的糖醋排骨给大家吃。

（1）空欄（1）を埋めるのに適当なものは、次のどれか。
　①了　　　　　　　　　②的
　③呢　　　　　　　　　④吧

（2）空欄（2）を埋めるのに適当なものは、次のどれか。
　①刚…就　　　　　　　②比…更
　③既…又　　　　　　　④连…都

（3）空欄（3）を埋めるのに適当なものは、次のどれか。
　①了　　　　　　　　　②着
　③过　　　　　　　　　④在

（4）下線部（4）の意味としてふさわしいものは、次のどれか。
　①時間はかかるが、おいしく作れる。
　②時間がかかるし、おいしく作れない。
　③時間がかからないし、おいしく作れる。
　④時間はかからないが、おいしく作れない。

（5）空欄（5）を埋めるのに適当なものは、次のどれか。
　①的　　　　　　　　　②着
　③地　　　　　　　　　④得

（6）本文の内容に合うものは、次のどれか。
　①她不喜欢和别人一起吃饭。
　②她没有兄弟姐妹。
　③她从小时候就会做菜。
　④她只会做糖醋排骨。

5

（1）～（5）の日本語を中国語に訳しなさい。

（1）昨日は8時間寝ました。
（2）誕生日おめでとう。
（3）私たちの大学には留学生が800人います。
（4）外は雨が降っています。
（5）この荷物はあれよりも重い。

4級 模擬試験 解答と解説

▶ リスニング　　　　　　　　　　　＊選択肢の番号が色文字になっているものが正解です。

1

一問一答

（1）他是哪国人？（彼はどこの国の人ですか。）
　　①那个人是我朋友。（あの人が私の友達です。）
　　②我不是日本人。（私は日本人ではありません。）
　　③他也是中国人。（彼も中国人です。）
　　④我是美国人。（私はアメリカ人です。）
　　解説　「彼」の出身国（あるいは国籍）について尋ねているので③が正解。

（2）你爸爸在家吗？（あなたのお父さんは家にいますか。）
　　①他去上班了。（彼は仕事に行きました。）
　　②我妈妈不在家。（私の母は家にいません。）
　　③他老家在四川。（彼の故郷は四川です。）
　　④我爸爸是公司职员。（私の父は会社員です。）
　　解説　父について尋ねているのに対し、②は母のことを答えているので不正解。③は故郷を、④は職業を答えているので不正解。

（3）你每天几点起床？（あなたは毎日何時に起きますか。）
　　①我八点吃早饭。（私は8時に朝食を取ります。）
　　②明天不去。（明日は行きません。）
　　③我每天十二点睡觉。（私は毎日12時に寝ます。）
　　④一般七点左右。（だいたい7時頃です。）
　　解説　起床について尋ねているのに対し、①は朝食を取ること、②は行くこと、③は就寝時間を答えているので不正解。

（4）星期三你有课吗？（あなたは水曜日に授業がありますか。）
　　①星期三我不在家。（水曜日に私は家にいません。）
　　②星期三我有四节课。（水曜日に私は授業が4コマあります。）
　　③星期三我家来客人了。（水曜日に私の家にお客が来ます。）
　　④对，今天是星期三。（はい、今日は水曜日です。）
　　解説　水曜日の授業の有無について尋ねているのに対し、①は家にいるかどうか、③は家に来客があること、④は今日が水曜日であることを答えているので不正解。

（5）请问，车站在哪儿？（すみませんが、駅はどこですか。）
　　①一直走，就到了。（まっすぐ行けば着きます。）
　　②你看，他在那儿呢。（ご覧なさい、彼はあちらにいます。）
　　③附近没有厕所。（付近にトイレはありません。）
　　④我家在车站旁边。（私の家は駅のそばです。）
　　解説 駅の所在を尋ねているのに対し、②は彼の居場所を、③はトイレの有無を、④は自宅の場所を答えているので不正解。

（6）你喜欢吃面条儿还是吃米饭？
　　（あなたは麺類が好きですか、それともご飯が好きですか。）
　　①我常常不吃早饭。（私は朝ご飯を食べないことがよくある。）
　　②我喜欢吃米饭。（私はご飯が好きです。）
　　③我不喜欢吃面包。（私はパンは好きではありません。）
　　④我很喜欢做饭。（私は食事を作るのが好きです。）
　　解説 麺類かご飯かどちらが好きか尋ねているのに対し、①は朝ご飯を食べるかどうか、③はパンが嫌いであること、④は食事を作ることが好きと答えているので不正解。

（7）教室里有人吗？（教室内に人がいますか。）
　　①这儿是我们的教室。（ここは私たちの教室です。）
　　②他不是汉语教师。（彼は中国語の教師ではありません。）
　　③没有，我们进去吧。（いません、中に入りましょう。）
　　④我们是二〇三教室。（私たちは203番教室です。）
　　解説 教室内に人がいるかどうかを尋ねているのに対し、①は自分たちの教室であること、②は彼が中国語の教師でないこと、④は自分たちの教室が203番教室であることを答えているので不正解。

（8）你在干什么呢？（今あなたは何をしているのですか。）
　　①我叫王小东。（私は王小東と申します。）
　　②他在看电视呢。（彼はテレビを見ています。）
　　③给朋友写信呢。（友達に手紙を書いています。）
　　④我没看报纸。（私は新聞を見ません。）
　　解説 自分が何をしているかを尋ねられているのに対し、①は自分の名前を答えているので不正解。②は彼がしていることを、④は自分が新聞を見るかどうかを答えているので不正解。

（9）你看过中国电影吗？
　　（あなたは中国映画を見たことがありますか。）
　　①我没去过中国。（私は中国に行ったことがありません。）

②我看过两次。（私は２度見たことがあります。）
③你应该看一看。（あなたは見てみるべきです。）
④这个电影很有意思。（この映画はとてもおもしろい。）

解説 中国映画を見たことがあるかどうかを尋ねられているのに対し、①中国に行ったことを、③は見るべきであることを、④は映画の感想を答えているので不正解。

(10) 你哥哥会开车吗？（あなたのお兄さんは車の運転ができますか。）
①我不会开车。（私は車の運転ができません。）
②我哥哥今天开会。（私の兄は今日会議があります。）
③他没有自行车。（彼は自転車を持っていません。）
④他还不会。（彼はまだできません。）

解説 自分の兄が車の運転ができるか否かを答えなければならないが、①は自分ができないことを、②は兄に会議があることを、③は兄が自転車を所有していないことを答えているので不正解。

2

内容理解（1）～（5）

女：马上就到我家了。
男：家里今天都有谁？
女：我爸爸妈妈，还有姐姐一家。
男：你爸爸妈妈做什么工作？
女：爸爸在一个贸易公司工作，妈妈是中学老师。
男：你姐姐呢？
女：姐姐以前在银行工作，结婚后就不工作了。她爱人在电视台工作。
男：有孩子吗？
女：有一个可爱的孩子，刚一岁半。
男：你将来想干什么呢？
女：我才大学二年级，以后再想吧。
男：你的专业是教育，将来还是当老师吧。
女：我喜欢学外语。已经学了英语、汉语和法语，将来就当外语老师吧。

全訳

女：もうすぐ私の家に着きます。
男：お家に今日誰がいますか？
女：私の父母、それから姉一家です。
男：ご両親は何をなさっていますか？
女：父は貿易会社で働き、母は中学の教師です。

男：お姉さんは？
女：姉は以前銀行で働いていたが、結婚後、仕事をやめました。彼女の旦那はテレビ局で働いています。
男：子供がいますか？
女：かわいい子供が１人います。まだ１歳半です。
男：あなたは将来何をやりたいですか？
女：まだ大学２年生なので、これから考えます。
男：あなたの専攻は教育だから、将来は先生がいいですよ。
女：わたしは外国語の勉強が好きで、すでに英語、中国語とフランス語を勉強しました。将来、外国語の先生になりましょうか。

（１）爸爸在哪儿工作？（お父さんはどこで働いていますか。）
①银行（銀行）　　　　　　　②学校（学校）
③贸易公司（貿易会社）　　　④电视台（テレビ局）
　解　説　「銀行」は「xíng」ではなく、「háng」と発音する。

（２）姐姐现在做什么工作？（お姉さんは何の仕事をしていますか。）
①银行职员（銀行員）　　　　②中学老师（中学教師）
③电视台的工作（テレビ局の仕事）　④没有工作（無職）
　解　説　「工作」は名詞としても動詞としても使う。会話では「不工作」と表現されている。「以前」を聞き漏らさないように。

（３）姐姐的孩子多大了？（お姉さんの子供は何歳ですか。）
①一岁（１歳）　　　　　　　②一岁半（１歳半）
③两岁半（２歳半）　　　　　④三岁（３歳）
　解　説　お姉さんの子供について答えているのは１文だけ。「孩子」と「刚一岁半」を聞き取っておこう。「半」を忘れずに。

（４）"我"上几年级？（「私」は何年生ですか。）
①一年级（１年生）　　　　　②二年级（２年生）
③三年级（３年生）　　　　　④四年级（４年生）
　解　説　「年级」のつく語は「二年级」「三年级」の２つが出てくる。この問に答えるキーワードは「我现在」。

（５）"我"的专业是什么？（「私」の専攻は何ですか。）
①教育（教育）　　　　　　　②法语（フランス語）
③英语（英語）　　　　　　　④汉语（中国語）
　解　説　「英语」「汉语」「法语」…と出てくるが、「专业」がついているのは「教育」だけ。

(6)〜(10)

　　我家离大学比较远。我总是先骑自行车到车站，然后再坐电车去学校。从我家到学校要一个小时四十五分钟。第一节有课的时候，我七点就得出门。坐电车的时候我常常听音乐。从星期一到星期五我每天都有课。星期二和星期四下课以后去一个超市打工。星期天我有时候去附近的图书馆，有时候在家看小说或者看录像。

[全 訳] 私の家は大学から少し遠いです。私はいつも自転車で駅まで行き、それから電車に乗って学校に行きます。私の家から学校までは1時間45分かかります。1時間目の授業があるときは、7時に家を出ます。電車に乗っているとき、私はよく音楽を聞いています。月曜から金曜まで、毎日授業があります。火曜日と木曜日の放課後は、スーパーでアルバイトをしています。日曜日は近所の図書館に行ったり、家で小説を読んだりビデオを見たりします。

(6) "我"怎么去车站？　（「私」はどのように駅に行きますか。）
　　①骑自行车去 (自転車に乗って行く)
　　②走着去 (歩いて行く)
　　③坐电车去 (電車に乗って行く)
　　④开车去 (車を運転して行く)
　　[解 説] 乗り物に乗る場合、自転車やバイクのようにまたがるものには「骑」、椅子に腰掛けるように座るものには「坐」を使う。

(7) 从"我"家到学校要多长时间？
　　（「私」の家から学校まではどれくらいかかりますか。）
　　①一个小时 (1時間)
　　②一个小时十五分钟 (1時間15分)
　　③一个小时二十五分钟 (1時間25分)
　　④一个小时四十五分钟 (1時間45分)
　　[解 説] ②と④は発音が似ていてまぎらわしい。「四」を聞きもらさないよう注意しよう。

(8) 坐电车的时候"我"常干什么？
　　（電車に乗っているとき、「私」はいつも何をしていますか。）
　　①听英语 (英語を聞く)
　　②预习功课 (授業の予習をする)
　　③听音乐 (音楽を聞く)
　　④看小说 (小説を読む)
　　[解 説] 正解の「听音乐 (yīnyuè)」と、①の「听英语 (Yīngyǔ)」は発音がまぎらわしいので、しっかり聞き取ろう。

(9) "我"星期几打工？　（「私」は何曜日にアルバイトをしますか。）
　　①星期一和星期五 (月曜日と金曜日)
　　②星期二和星期四 (火曜日と木曜日)

③星期一和星期三（月曜日と水曜日）
④星期五和星期天（金曜日と日曜日）
解説 曜日は、ヒアリング試験にとてもよく出題されるので、日頃からしっかり学習して覚えておこう。

(10) "我"在哪儿打工？（「私」はどこでアルバイトをしていますか。）
①百货商店（デパート）
②图书馆（図書館）
③书店（書店）
④超市（スーパーマーケット）
解説「超市」は英語の「スーパー」と「マーケット」を直訳してできた語。まぎらわしい選択肢はない。「打工」が「アルバイト」の意味だとわかっていれば、答えはすぐに選び出せる。

▶ 筆記

1

1．語句と声調の組み合わせ

（1）检查（jiǎnchá） 意味 検査する　　声調 第三声＋第二声
①特别（tèbié） 意味 特別　　②课本（kèběn） 意味 教科書の本文
③城市（chéngshì） 意味 都市　　④起床（qǐchuáng） 意味 起床する

（2）客气（kèqi） 意味 礼儀正しい　　声調 第四声＋軽声
①认识（rènshi） 意味 知り合う　　②握手（wòshǒu） 意味 握手する
③大概（dàgài） 意味 おおよその　　④窗户（chuānghu） 意味 窓

（3）汉字（hànzì） 意味 漢字　　声調 第四声＋第四声
①旅行（lǚxíng） 意味 旅行　　②电话（diànhuà） 意味 電話
③小时（xiǎoshí） 意味 1時間　　④只好（zhǐhǎo） 意味 …するほかない

（4）使用（shǐyòng） 意味 使用する　　声調 第三声＋第四声
①见面（jiànmiàn） 意味 会う　　②年纪（niánjì） 意味 年齢
③请问（qǐngwèn） 意味 お尋ねしますが　　④医院（yīyuàn） 意味 病院

（5）表演（biǎoyǎn） 意味 上演する　　声調 第三声＋第三声
①感谢（gǎnxiè） 意味 感謝する　　②领导（lǐngdǎo） 意味 指導者
③地图（dìtú） 意味 地図　　④方便（fāngbiàn） 意味 便利である

2．ピンイン表記

(6) ② 去年（qùnián）　　意味 去年
(7) ④ 文化（wénhuà）　　意味 文化
(8) ① 春天（chūntiān）　　意味 春
(9) ② 衣服（yīfu）　　意味 衣服
(10) ④ 太阳（tàiyáng）　　意味 太陽

2

空欄補充

(1) ④ 完成文 这张画儿（画）得很不错。
　　質問訳 この絵はよく描けています。
　　解説 「不错」は直訳すると「悪くない」の意味。②「写」は、「文字を書く」と言う場合に使う。「很不错」は「很好」と同じ意味。

(2) ② 完成文 他很会（打）棒球。
　　質問訳 彼は野球がうまい。
　　解説 野球やテニスのように手を使う球技は「打」を使う。「棒球」は「野球」のこと。「球」だけにとらわれて、「投」を選ばないように。

(3) ② 完成文 这台电脑太（贵）了，我买不起。
　　質問訳 このパソコンは高すぎて、手が届きません。
　　解説 値段の高い安いは「贵」「便宜」と言う。「买不起（買えない）」とあるので、選択肢で考えられるのは②と④。中国語で「値段が高い」を表すのは「贵」。「高」は、丈を表す。③「便宜」は「安い」の意味。

(4) ② 完成文 母亲每天五点（就）起床。
　　質問訳 母は毎日5時には起きます。
　　解説 「A就B」は「AになるとすぐにBする」という意味。起床時間が遅ければ「才（やっと）」を使うこともできるが、朝5時起床に「やっと」ではおかしいので、この文章ではふさわしくない。

(5) ③ 完成文 去年冬天（不）冷。
　　質問訳 去年の冬は寒くありませんでした。
　　解説 形容詞の否定には「没/没有」は使わず、「不」を用いる。②「不是」も形容詞の前には使わない。

(6) ③ [完成文] 太阳慢慢（地）落下去了。
　　[質問訳] 太陽がゆっくりと沈んでいきました。
　　[解説]「得」「地」「的」はいずれも「de」と発音するが、動詞を修飾するとき「地」を、名詞を修飾するとき「的」を使う。「得」は動詞や形容詞の後ろに置き、程度補語や状態補語を導く。

(7) ② [完成文] 我从来没吃（过）这么好吃的菜。
　　[質問訳] こんなにおいしい料理は食べたことがありません。
　　[解説]「过」は過去の経験、「着」は持続、「了」は実現や完了を表す。

(8) ② [完成文] 对不起，这儿（不能）拍照。
　　[質問訳] すみません、ここは撮影禁止です。
　　[解説]「能」には「許可」の意味もあり、「不能」で「許可されていない＝禁止」になる。

(9) ③ [完成文] 期末考试考得（怎么样）？
　　[質問訳] 期末テストはどうでしたか。
　　[解説]「怎么」「怎么样」は同じように使える場合もあるが、「怎么」は必ず後に文が続き、文末にくることはない。

(10) ④ [完成文] 房间里有一张床，一张桌子和两（把）椅子。
　　[質問訳] 部屋にはベッドとテーブルが1台ずつ、それから椅子が2脚ありました。
　　[解説] 椅子を数える量詞は「把」。「架」は支えのついたものや機械を、「台」は大きなものや機械を、「张」は平らなものを数える量詞。

3

1．中文選択

(1) ④ [解説] 比較を表す基本文形は「A対象＋比＋B対象＋形容詞（＋補語）」。ここでの形容詞は「大」であり、「年上」の意味。「3歳年上」は「大三岁」。

(2) ③ [解説]「鞋子」は主語なので、置けるのは文の冒頭だけ。

(3) ① [解説]「是…的」の強調構文。ここでは強調部分の「スーパーで買った」を「…」の部分に置く。前置詞「在」は必ず名詞の前。

(4) ② [解説]「从」の位置と、「動詞＋目的語」の基本語順に注目。

(5) ④ [解説] 経験を表す文型は「主語＋動詞＋过＋目的語」。動作の量が入ると、「動詞＋过＋動作の量＋目的語」。「过」は動詞の状態を表す助詞で、動詞の一部と考えよう。

2．語順整序

(6) ③ 中国語 我［前天］在食堂看见了张亮。
　　解説 時間や場所を表す語は、動詞の前に置く。時間を表す語は、場所を表す語より先に持ってくるのがふつう。
(7) ④ 中国語 我和同学［一起］去买东西。
　　解説 「和…一起」は、状況語として動詞の前に置く。
(8) ① 中国語 我来过［这里］几次。
　　解説 目的語「这里」は、述語「来过」の後に置き、「動詞＋目的語」構造のフレーズとなる。「几次」は補語として動詞の後に置く。
(9) ④ 中国語 昨天去医院做了［检查］。
　　解説 いくつかの動作が続いて行われる場合は、その動作が行われる順番に語を並べていく。
(10) ① 中国語 我没有［机会］跟她交谈。
　　解説 「有/没有＋人/もの」の順で表す。「跟她」は、状況語として動詞の前に置く。

4

長文読解

全訳 梁燕はアメリカに留学中です。彼女は料理がとても好きですが、料理を始めたのはアメリカに行ってからのことです。それまでは目玉焼きすら作れませんでした。彼女は一人っ子のため、小さい頃から蝶よ花よと育てられ、実家にいた頃は一度も食事を作ったことがなかったのです。しかし、アメリカに行ってからは自分で食事を作るしかありませんでした。料理をするようになったばかりのころは、いつも時間がかかるうえに、おいしく作れませんでした。けれどもその後、作っていくうちにだんだん上手になり、次第に料理の楽しみもわかってきて、今ではいろいろな料理が作れるようになりました。彼女は１人で食事をするのが嫌いなので、よく友達を家に招待して手料理をごちそうします。彼女は今度の土曜日に友達を家に遊びに呼んで、一番得意なスペアリブの甘酢あんかけをみんなに食べてもらおうと思っています。

(1) ② 解説 ある動作、行為について説明する場合、「是…的」構文を使う。「是」は説明される部分の前に、「的」は動詞の後ろに置く。
(2) ④ 解説 極端な事物を取り上げて、ある事柄を強調するには「连Ａ都/也Ｂ」を使う。
(3) ③ 解説 経験を表す場合は「过」を使う。
(4) ② 解説 「花」は「費やす」の意味。「花钱（むだ遣いする）」などの場合にも使う。「而且」は前述の内容を受けて「しかも」と続けるときに用いる。
(5) ③ 解説 「的」「地」「得」は、いずれも「de」と発音するが、形容詞の重ね型には「地」を使う。この場合の「地」は省略することもできる。

（6）② 解説　正解は②の「她没有兄弟姐妹（彼女には兄弟はいない）」。①は「彼女は人と一緒に食事をするのが嫌いだ」、③は「彼女は小さい頃から料理を作れた」、④は「彼女が作れるのスペアリブの甘酢あんかけだけだ」で、内容と一致しない。

5

日文中訳

（1） 中国語　昨天我睡了八个小时。
　　解説　時間の表し方の練習。「八个小时」は補語として動詞の後に置く。

（2） 中国語　祝你生日快乐！
　　解説　この「祝」は「祝う」ではなく、「祈る」の意味。「祝」を使った表現には、「祝你身体健康！(あなたのご健康をお祈りします)」「祝你一路平安！(道中ご無事で)」「祝你工作顺利！(お仕事が順調でありますように)」などもある。

（3） 中国語　我们大学有八百个留学生。
　　解説　この文は「A（場所）＋有＋B（物・人）」の構造で、「AにBがある/いる」の意味。このとき、Bは不特定の物・人でなければならないことに注意。「特定のものが～にある／いる」は、動詞「在」を使う。
　　例　×「那儿有他的书」→○「他的书在那儿（彼の本はあそこにあります）」
　　×「我们班里有校长的女儿」→○「校长的女儿在我们班里（校長のお嬢さんは私たちのクラスにいます）」

（4） 中国語　外面下着雨（呢）。
　　解説　持続態の練習。「外面在下雨(呢)」「外面下雨呢」としてもよい。また、ここでついでに、自然現象の言い方も覚えておこう。
　　例　「下雪(雪が降る)」「下雾(霧が出る)」「下霜(霜が降りる)」「刮风(風が吹く)」「打雷(雷が鳴る)」「结冰(氷が張る)」

（5） 中国語　这件行李比那件重。
　　解説　ここで比較の言い方、「A＋比＋B＋述語」の語順を確認しておこう。さらに、比較した結果の差を言う場合は、述語の後に置く。
　　例　「这件行李比那件重两公斤(この荷物はあれよりも2キロ重い)」「这件行李比那件重得多(この荷物はあれよりずっと重い)」「这件行李比那件重一点儿(この荷物はあれより少し重い)」

■間違えやすい簡体字ドリル

日本人の受験生が特に書き間違いをしやすい簡体字を選びました。薄い字の部分をなぞって、しっかりと文字の形を覚えましょう。

※（　）内は対応する日本の漢字

儿 (児) ér　　意味 子ども	几 (幾) jǐ　　意味 いくつ
个 (個) gè　　意味 〔量詞〕…つ	习 (習) xí　　意味 習う
飞 (飛) fēi　　意味 飛ぶ	门 (門) mén　　意味 門
车 (車) chē　　意味 車	开 (開) kāi　　意味 開ける、運転する
从 (従) cóng　　意味 …から	长 (長) cháng　　意味 長い
为 (為) wèi　　意味 …のために	书 (書) shū　　意味 書物、本
专 (専) zhuān　　意味 もっぱら	办 (弁) bàn　　意味 やる、処理する
业 (業) yè　　意味 職業、学業	汉 (漢) hàn　　意味 漢民族

电 (電) diàn 意味 電気		边 (辺) biān 意味 辺り、…の方	
欢 (歡) huān 意味 喜ぶ		毕 (畢) bì 意味 完了する	
头 (頭) tóu 意味 頭部		买 (買) mǎi 意味 買う	
卖 (売) mài 意味 売る		过 (過) guò 意味 通る、過ぎる	
动 (動) dòng 意味 動く		岁 (歲) suì 意味 歳	
汤 (湯) tāng 意味 スープ		扫 (掃) sǎo 意味 掃く	
听 (聽) tīng 意味 聞く		迟 (遲) chí 意味 遅い	
进 (進) jìn 意味 入る		图 (図) tú 意味 図、絵	
亲 (親) qīn 意味 親		爱 (愛) ài 意味 愛する、好む	

马 mǎ	么 me	气 qì
风 fēng	包 bāo	叫 jiào
对 duì	写 xiě	东 dōng
师 shī	吃 chī	场 chǎng
妈 mā	网 wǎng	爷 yé
别 bié	纸 zhǐ	员 yuán
饭 fàn	译 yì	应 yìng
鸡 jī	两 liǎng	这 zhè
坐 zuò	画 huà	单 dān

电 (電) diàn 意味 電気	边 (边) biān 意味 辺り、…の方
欢 (歡) huān 意味 喜ぶ	毕 (畢) bì 意味 完了する
头 (頭) tóu 意味 頭部	买 (買) mǎi 意味 買う
卖 (売) mài 意味 売る	过 (過) guò 意味 通る、過ぎる
动 (動) dòng 意味 動く	岁 (歲) suì 意味 歳
汤 (湯) tāng 意味 スープ	扫 (掃) sǎo 意味 掃く
听 (聴) tīng 意味 聞く	迟 (遲) chí 意味 遅い
进 (進) jìn 意味 入る	图 (図) tú 意味 図、絵
亲 (親) qīn 意味 親	爱 (愛) ài 意味 愛する、好む

马 mǎ	么 me	气 qì
风 fēng	包 bāo	叫 jiào
对 duì	写 xiě	东 dōng
师 shī	吃 chī	场 chǎng
妈 mā	网 wǎng	爷 yé
别 bié	纸 zhǐ	员 yuán
饭 fàn	译 yì	应 yìng
鸡 jī	两 liǎng	这 zhè
坐 zuò	画 huà	单 dān

见 jiàn	爸 bà	姐 jiě
厕 cè	码 mǎ	苹 píng
直 zhí	态 tài	带 dài
差 chà	饺 jiǎo	很 hěn
贵 guì	穿 chuān	复 fù
孩 hái	怎 zěn	真 zhēn
烟 yān	桌 zhuō	着 zhe
啤 pí	掉 diào	您 nín
黑 hēi	喝 hē	鼻 bí

著者

廖八鳴 Liao Baming

中国成都生まれ。洛陽大学日本語学部卒業。日中学院中国語講師。中国政府発行の日本語月刊誌『人民中国』編集部記者を務めた後、1990年来日。『中日辞典』『日中辞典』(講談社)、『中日辞典』(小学館)など、多数の中国語辞書の編纂に参画、原稿執筆・校閲などを行う。著書に『中国語日常単語集＋英語』(ナツメ社)がある。

絶対合格！
中国語検定4級・準4級頻出問題集

著 者　廖八鳴
発行者　高橋秀雄
編集者　原田幸雄
発行所　株式会社 高橋書店
　　　　〒170-6014 東京都豊島区東池袋3-1-1 サンシャイン60 14階
　　　　電話 03-5957-7103

ISBN978-4-471-27453-5　　©TAKAHASHI SHOTEN　Printed in Japan

定価はカバーに表示してあります。
本書および本書の付属物の内容を許可なく転載することを禁じます。また、本書および付属物の無断複写(コピー、スキャン、デジタル化等)、複製物の譲渡および配信は著作権法上での例外を除き禁止されています。

本書の内容についてのご質問は「書名、質問事項(ページ、内容)、お客様のご連絡先」を明記のうえ、郵送、FAX、ホームページお問い合わせフォームから小社へお送りください。
回答にはお時間をいただく場合がございます。また、電話によるお問い合わせ、本書の内容を超えたご質問にはお答えできませんので、ご了承ください。本書に関する正誤等の情報は、小社ホームページもご参照ください。

【内容についての問い合わせ先】
　　書　面　〒170-6014 東京都豊島区東池袋3-1-1 サンシャイン60 14階　高橋書店編集部
　　ＦＡＸ　03-5957-7079
　　メール　小社ホームページお問い合わせフォームから　(https://www.takahashishoten.co.jp/)

【不良品についての問い合わせ先】
　　ページの順序間違い・抜けなど物理的欠陥がございましたら、電話03-5957-7076へお問い合わせください。
　　ただし、古書店等で購入・入手された商品の交換には一切応じられません。